»Die ersten Notizen zu diesem Buch schrieb ich, ohne von dem Buch etwas zu wissen – sie waren für die eigene Erinnerung bestimmt ... es ergab sich ein Tagebuch. Es enthält im Jahre 1992 Erlebtes, Erinnertes, Gelesenes, Übersetztes, Gesagtes und Geschwiegenes.«

Reiner Kunzes Tagebuch ist literarisches Werk und Dokument zugleich – eine Spiegelung der Ereignisse des unruhigen Jahres 1992 im Bewußtsein eines Dichters, der an diesen Ereignissen mit der ihm eigenen kompromißlosen Aufrichtigkeit Anteil hatte und Anteil nahm. Reiner Kunze kommentiert den Prozeß, den Hermann Kant gegen ihn und den Fischer Verlag angestrengt hat, berichtet, was bereits Jahre vor der en-bloc-Vereinigung der beiden Berliner Akademien in der West-Akademie geschah, und äußert sich zum Krieg auf dem Balkan sowie zu steinewerfenden Deutschen. Er erzählt vom Tod seines Vaters, zitiert aus privaten Gesprächen oder Briefwechseln und läßt teilhaben an seinen literarischen wie musikalischen Entdeckungen. »So privat und im eigenen kleinen Kreis gegründet das Tagebuch angelegt ist, so brisant ist sein Inhalt, so klar auch seine Stellungnahme zu Fragen des Tages.« *Neue Zürcher Zeitung*

Reiner Kunze, 1933 in Oelsnitz im Erzgebirge geboren, studierte Philosophie und Journalistik in Leipzig und lebt seit 1977 in der Bundesrepublik. Er wurde mit zahlreichen Preisen ausgezeichnet, darunter der Georg-Trakl-Preis, der Geschwister-Scholl-Preis und der Georg-Büchner-Preis. Seine Werke wurden bisher in dreißig Sprachen übersetzt.

Im Fischer Taschenbuch Verlag sind lieferbar die Lyriksammlungen *zimmerlautstärke* (Bd. 1934), *auf eigene hoffnung* (Bd. 5230) und *eines jeden einziges leben* (Bd. 12516), die Prosabände *Der Löwe Leopold* (Bd. 1534) und *Die wunderbaren Jahre* (Bd. 2074), die Stasi-Dokumentation *Deckname »Lyrik«* (Bd. 10854), die Gedichte für Kinder *Wohin der Schlaf sich schlafen legt* (Bd. 80003) sowie der Materialienband *Reiner Kunze. Materialien zu Leben und Werk* (Bd. 6877). Zuletzt erschien im S. Fischer Verlag *Wo Freiheit ist... Gespräche und Interviews 1977–1993*.

Reiner Kunze

Am Sonnenhang
Tagebuch eines Jahres

Fischer Taschenbuch Verlag

Veröffentlicht im Fischer Taschenbuch Verlag,
Frankfurt am Main, Dezember 1995

Lizenzausgabe mit freundlicher Genehmigung
des S. Fischer Verlags GmbH, Frankfurt am Main
© 1993 S. Fischer Verlag GmbH, Frankfurt am Main
Farbfotos: Reiner Kunze 1992
Schwarz-Weiß-Fotos: Archiv Reiner Kunze
Satz: Fotosatz Otto Gutfreund GmbH, Darmstadt
Druck und Bindung: Clausen & Bosse, Leck
Printed in Germany
ISBN 3-596-12918-4

Gedruckt auf clor- und säurefreiem Papier

Der Gesang erweitert
Und verdichtet
Den Raum, dem er sich überläßt.

Er sagt was fehlt,
Wenn er nicht da ist.

    *

Das ist kein Grund
Dich dem zu entziehen,
Was in der Welt vorgeht.

Du könntest es nicht.
. . .
Der Humus spricht immer zu dir
Von Massakern.

           Eugène Guillevic

Die ersten Notizen in diesem Buch schrieb ich, ohne von dem Buch etwas zu wissen – sie waren für die eigene Erinnerung bestimmt. Aber ich schrieb plötzlich weiter, dem Bedürfnis nachgebend, mir über bestimmte Geschehnisse ein Urteil zu bilden und manches, das mich umtrieb, innerlich abzuschließen (soweit das möglich sein würde). Auch begann ich, Vergnügen an der Marginalie zu finden, und es ergab sich ein Tagebuch. Es enthält im Jahre 1992 Erlebtes, Erinnertes, Gelesenes, Übersetztes, Gesagtes und Geschwiegenes.

*

Ich gäbe viel darum, hätte ich mir das Thema Staatssicherheitsdienst ersparen können. Ein Gerichtsprozeß, den Hermann Kant anstrengte, gehört aber ebenso zu diesem Jahr wie die Forderung namhafter Persönlichkeiten, die Staatssicherheitsakten zu schließen. Dazu einen Vorgang aus den Jahren 1990/91 im Zusammenhang wiederzugeben, war mir ein Anliegen.

*

Ich habe nirgendwo Authentischeres und Scharfsichtigeres über die Nach-DDR-Psyche gelesen als in den Briefen meines Leipziger Kollegen Horst Drescher. Er erlaubte mir, eine Reihe von Briefstellen zusammenzufassen und hier zu publizieren.

*

Zu folgern, das, was an Zeitgeschehen in diesem Buch nicht zur Sprache kommt, hätte mich nicht bewegt, wäre ein Fehlschluß. Vielleicht war ich sprachlos. Und – nach Camus –: »Mit vierzig Jahren klagt man nicht mehr laut über das Böse, man kennt es und kämpft gemäß seiner Schuldigkeit. Dann kann man sich dem Schaffen zuwenden, ohne irgend etwas zu vergessen.« Mit sechzig gilt das doppelt.

*

Ich danke allen, die mir gestatteten, aus ihren Briefen zu zitieren.

Ich danke außerdem Dr. Jörg Kastner, Thyrnau, Prof. Jan Kühmeier, Grödig bei Salzburg, Dr. Milan Moravec, Aussig an der Elbe, Ruth Sachße, Siegsdorf, Tilman Sachße, München, Prof. Dr. Karl Schumann, München, Herta Spitzenberger, Passau, Paula Wachtfeichtl, Obernzell, und Jürgen P. Wallmann, Münster.

Die Übertragungen aus dem Tschechischen, bei denen kein Übersetzer genannt ist (s. Anmerkungen), stammen vom Verfasser. Er dankt seiner Frau, dem Großen E. in diesem Buch.

1992

2. Januar

In der Nacht vom 23. zum 24. Dezember war mein Vater besonders ruhelos. Seit langem ist ihm der Tag zur Nacht und die Nacht zum Tag geworden, in jener aber kleidete er sich immer wieder von neuem an, um, wie er sagte, nach Hause zu gehen – er befand sich in seiner Wohnung –, oder um seinen Vater, der vor der Tür stehe, nicht länger warten zu lassen, oder um der Mutter zu folgen, die mit dem Handwagen vorübergegangen sei (ob er seine oder meine verstorbene Mutter meinte, weiß ich nicht).

Als ich ihn zum wiederholten Male hatte dazu bewegen können, Mantel und Pelzmütze abzulegen, begann er, eine Schlafdecke zusammenzufalten. So oft er sie jedoch auf dem Fußboden auswarf – es gelang ihm nicht, die beiden Enden zu fassen. Hilfe wies er zurück. »Das muß ich selber machen, das kannst du nicht.« Plötzlich rollte er die Decke zusammen und formte sie zu einem Hufeisen, als wolle er sie auf einen Tornister schnallen.

In einem unbewachten Augenblick trank er in der Küche versehentlich eine Flasche Speiseöl zur Hälfte aus. Das Elend, das ihn gegen Morgen heimsuchte, entblößte ihn. Wir badeten ihn, wuschen seine Kleidung, verbrannten die Hausschuhe und trugen den Teppich in den Kohlenkeller.

Tagsüber verweigerte er die Nahrung.

Am 25. morgens fiel er bewußtlos zu Boden, und der Arzt wies ihn in ein Krankenhaus ein.

Bei unserem ersten Besuch nahm er uns kaum wahr. Wie ein Kleinkind spielte er unablässig mit seinen Fingern. Vor dem elektrischen Rasierapparat schreckte er zurück, doch als ich ihm zusprach und sagte, wer ich sei, beruhigte er sich und versuchte, mit der Zunge die Gesichtshaut zu spannen.

Tags darauf brachte ich ihn mehrmals zum Lachen.

Heute hat er uns nicht erkannt.

4. Januar

Brief von M.: »Köln, 26. 12. ... Gestern nacht konnte ich nicht schlafen, und so setzte ich mich in die Küche und dachte an den Großvater. An meinen letzten. Daran, wie wir ihn zum letzten Mal gesehen haben: Er stand vor dem Haus, war furchtbar klein, und die Tränen liefen ihm über die Wangen. Der Arme! Und wie wir mit ihm essen waren, und er damals noch wie ein Gentleman aussah. Oder wie er den Kleinen jedes Jahr Päckchen schickte, Dinge, denen sie längst entwachsen waren, aber die sie noch heute hüten ... Wie liebt Janna die schrecklich aussehende Puppe, die er ihr geschickt hat! Oder an sein Gesicht, als er unseren Dom sah. Oder daran, wie er mit mir – ich war damals noch ein Knirps – in die Küche gegangen war, um sich heimlich einen Schluck von dem ›Klaren‹ zu genehmigen, den sie damals jeden Monat von der Grubenleitung bekamen, und er mir in Schnaps eingelegte Kirschen, nein, es waren schwarze Johannisbeeren, gab – voller Alkohol –, und wie plötzlich die Großmutter wie eine Nemesis in der Tür stand und nur ein einziges Wort sagte: Kunze!! Am liebsten wäre er in der Abstellkammer oder unter dem Tisch verschwunden, so peinlich war es ihm. Oder wie er mir jedesmal, wenn wir zu Besuch waren, Geld zusteckte, aber auch stets so, daß die Großmutter es nicht sah . . . Ich glaube, er hatte kein sehr schönes Leben.«

5. Januar

Gestern ist mein Vater gestorben. Er wäre im Juni fünfundachtzig Jahre alt geworden.

Sein größter Wunsch war es gewesen, so lange wie möglich in seiner Wohnung zu bleiben. »Wenn's nicht mehr geht, werden sie mich schon holen!«

Er war ein Individualist, und eine seiner Tugenden war Freigebigkeit.

Als die schönsten Stunden, die ich als Erwachsener mit ihm verbrachte, werden mir jene in Erinnerung bleiben, in denen wir ausgiebig miteinander schwiegen.

9. Januar

An einen Pfarrer, der mir im Juni 1989 aus der DDR seine Gedichte überbringen ließ: »In Ihrem Brief . . .

13

lassen Sie mich wissen, daß ich eine Zeitlang Ihr Vertrauen besaß. Dafür danke ich Ihnen ... Sie unterstellen mir, die Tatsache nicht beachtet zu haben, daß Sie Ihre Texte in den Westen lancierten ... Daß Texte in den Westen lanciert wurden, sagt nichts über ihre Qualität aus ... Und ich habe sie nicht in den Osten zurückgeschickt, sondern an den Absender hier, der sie anderen Personen Ihres Vertrauens oder einem Verlag hätte weiterreichen können. – Aber ich pflegte in solchen Fällen besonders zu bedenken, woher Texte kamen, und hätte eine Veröffentlichung nur dann angestrebt, wenn dadurch Öffentlichkeit entstanden wäre, die Sie geschützt hätte. Das aber wäre – nach meiner Meinung – bei Ihren Versen nicht zu erwarten gewesen. Zu Ihrem politischen Anliegen habe ich mich in meiner Antwort bekannt, aber politisches Anliegen allein macht noch kein Gedicht. Ich bedaure, Ihr Vertrauen verloren zu haben, weil ich gesagt habe, was ich dachte ...«

12. Januar
Ablage. Vorgang aus den Jahren 1990/91:
»Die Zeit«, 24. August 1990:
Noch heute, nach so vielen Jahren, geht Helga Novak, die große verkannte Dichterin dieses Landes, an die Decke, wenn ich die sensiblen Wege meines Freundes Kunze verteidige. Ja, es stimmt, ich verteidige ihn. Weil ich gern höre, wenn sie dann loslegt: Kunze? Der!! Und dann erzählt sie, wie es an der Journalistenhochschule in Leipzig

war, wo Kunze zum Lehrkörper gehörte, ein junger, ehrgeiziger Assistent. Kunze wurde als brutaler stalinistischer Einpeitscher von den besseren Studenten gefürchtet.

Wolf Biermann

»Die Zeit«, 26. Oktober 1990:

Wolf Biermanns Äußerung bezieht sich auf die Zeit von Herbst 1955 bis Sommer 1959. 1955 war ich zweiundzwanzig Jahre alt. Ich zitiere aus den Originalakten, die der Staatssicherheitsdienst der DDR, Bezirksverwaltung Leipzig, in jener Zeit über mich anlegte und in denen über meine Arbeit an der Fakultät für Journalistik berichtet wird. Erläuterungen in eckigen Klammern von mir.

Reiner Kunze

Abteilung XX/7

Persönlichkeitsbild zur Vorgangsperson des OV [Operativ-Vorgangs] ... *Kunze,* Reiner ... Nach Absolvierung seines Studiums war *Kunze* als wissenschaftlicher Assistent mit Lehrauftrag an der Fakultät für Journalistik der Karl-Marx-Universität Leipzig bis zum Jahre 1959 tätig. In dieser Zeit vollzog sich bei K. eine politisch-ideologische Wandlung und eine Abkehr vom Marxismus-Leninismus... Seit dieser Zeit trat K. für kulturpolitische Veränderungen in der DDR und im Zentralkomitee der SED ein. Unter Ausnutzung seiner gesellschaftlichen und beruflichen Stellung als Mitglied der SED und wissenschaftlicher Assistent ... beeinflußte K. einige Studenten in einem negativen Sinne und machte sich somit schwerer

Fehler in Lehre und Erziehung schuldig, was sich anhand starker individualistischer und apolitischer Tendenzen unter seinen Studenten nachweisen ließ ... Zu den Informationen unserer Partei über die ... konterrevolutionären Ereignisse in Ungarn im Jahre 1956 ... äußerte *Kunze,* daß er von der Partei »betrogen und belogen« wurde, wodurch sein Vertrauen zur Partei ins Wanken geriet. In Wirklichkeit hatte sich K. jedoch schon lange vorher selbst isoliert und sich außerhalb der Partei gestellt.
(...)

Leipzig, den 26. 2. 59
Bericht [eines Informanten im Lehrkörper der Fakultät für Journalistik] über Kunze, Reiner ...
Obwohl bekannt war, daß er besonders die »menschliche Seite« in politischen Fragen immer wieder herausstellte und die Tätigkeit eines Journalisten vor allem vom künstlerischen Standpunkt (Gestalten und so weiter) betrachtete, wurden keine konsequenten Diskussionen mit ihm darüber geführt ... Die Überprüfungen zur Angelegenheit Kunze bis zum heutigen Tag ergeben folgendes Bild: ... Ein großer Teil von Studenten, die K. als Assistent zu betreuen hatte, sah in ihm ein Vorbild. Ein guter Freund von K. ist der Student [es folgen Vorname und Name; ich füge hier und im folgenden Buchstaben ein] A., parteilos. A. befindet sich im vierten Studienjahr und wurde von der Einsatzkommission zur Arbeit in der Pro-

duktion vorgeschlagen. Er wurde als noch nicht politisch reif genug angesehen, um als Journalist eingesetzt zu werden. Die Studentin B. wurde von K. ebenfalls gefördert. Sie ist parteilos und konnte ebenfalls auf Grund polit. Unreife noch nicht als Journalistin eingesetzt werden. K. hatte Leistungsstipendium für B. befürwortet. Der Vater von B. wurde vor Jahren republikflüchtig und verstarb in Hamburg. Aus gleichen Gründen der polit. Unreife konnte auch der Student C. noch nicht eingesetzt werden. Auch dieser Student gehört zu den sogenannten »Kunzianern«. Er ist ebenfalls parteilos. Aber auch Genossen Studenten ließen sich von K. sehr beeinflussen, was sich besonders auf den am 24. und 25. 2. 59 durchgeführten Parteiwahlen der Fakultät . . . herausstellte. Die SED-Kandidatin D. wollte zum Beispiel aus der Partei austreten. Sie reichte bei uns die Exmatrikulation ein . . . Auffallend bei all diesen Fragen ist, daß K. sehr viele persönliche Aussprachen mit seinen Studenten führte, zum Teil auch in seiner Wohnung . . . Weiterhin befindet sich in dieser Gruppe der Student E. . . . Er wurde aus der Partei ausgeschlossen, da er sich kirchlich trauen ließ.
(. . .)

Abteilung V/2, Sachstandsbericht
. . . K. bevorzugte vor allem solche Studenten, die zwar fachlich gut, aber in politischer Hinsicht schwach bzw. sogar ablehnend eingestellt waren.

*

Leipzig, den 20. 7. 59
Abteilung V/6, Bericht
... K. hatte bereits ... einen Brief an den Dekan
geschrieben, in dem er um seine Entlassung bat. In
diesem Zusammenhang muß darauf hingewiesen
werden, daß der Dekan der Fakultät stets ... seine
Hand schützend über K. gehalten und damit die
ganze Lage kompliziert hatte.
(...)

»Die Zeit«, 16. November 1990:
... und Biermann selber? Wer von Euch ohne
Schuld ist, der werfe den zweiten Stein. Ich schmiß
im Getümmel auf Reiner Kunze mit einem Stein,
den eine deutsche Dichterin mir in die Hand
drückte. Und nun beweist Kunze mit einem veröffentlichten Auszug aus seinen Stasiakten, daß er
schon immer und von Anfang an antistalinistisch
war, edel, hilfreich und gut. Nun kommt mir die
Einsicht, daß, auch wer nicht selber im Glashaus
sitzt, das Steineschmeißen besser lassen sollte.
Wolf Biermann

»Frankfurter Allgemeine Zeitung«, 29. Oktober
1991:
In einem offenen Brief an Sarah Kirsch, Wolf Bier-
mann und Jürgen Fuchs hat die Berliner Lyrikerin
Helga M. Novak bekannt, 1957 eine Mitarbeiter-
Erklärung für die Stasi unterschrieben zu haben.

14. Januar

Lektüre. Jella Lepmann, deutsche Jüdin, 1936 nach England emigriert, 1945 Beraterin im amerikanischen Hauptquartier, Bad Homburg: »Ich fuhr weiter durch Nachkriegsdeutschland ... Es gab ungezählte und ungeahnte Zwischentöne. Man war Mitglied der Partei gewesen, um gerade in dieser abgesicherten Stellung zu einer Hilfe für die Bedrängten zu werden. Man hatte niemals ein Parteiabzeichen getragen und trotzdem Schuld auf sich geladen. Es gab Millionen von Mitläufern, und es war schwer, ihnen zu erklären, daß man nicht mitlaufen kann, ohne Mitverantwortung zu tragen ... Konzert von Yehudi Menuhin in Salzburg ... 13. August 1947 ... Er spielte ... Brahms, der Dirigent ... war Wilhelm Furtwängler. Nicht der strahlende und unbekümmerte Furtwängler der zwanziger Jahre, sondern ein asketischer, viel zu früh gealterter. Er wurde bei seinem ersten Auftreten ... vom Publikum mit eisigem Schweigen empfangen. Es empfand seine Haltung während der Nazizeit – zu Recht oder Unrecht – als zwiespältig. Bis Menuhin bei seinem eigenen Auftritt Furtwängler freundschaftlich bei der Hand nahm. Eine eindeutige Demonstration! Als das Brahmskonzert, hinreißend von Menuhin und Furtwängler wiedergegeben, ausklang, setzte eine Ovation ein, die nun auch Furtwängler galt.«

Jella Lepmann organisierte 1946 in München eine internationale Jugendbuchausstellung. Einmal, so die Organisatorin, habe sich ihr eine alte Dame mit einem Kind genähert und sie gefragt: »Gibt es ein

Märchenbuch ohne Hänsel und Gretel?« Das sei eine seltsame Frage gewesen! »Die Eltern dieses Kindes«, habe die Dame gesagt, »sind in Auschwitz umgekommen, die Gasöfen von Auschwitz, der Backofen der Hexe! ich zittere vor dieser Gedankenverbindung. Das Kind war selbst im Lager und ist durch ein Wunder davongekommen!«

Von Jella Lepmanns Buch »Die Kinderbuchbrücke«, das 1964 erschien, hatte ich bisher nichts gewußt. Wir werden bis ans Lebensende nicht nachholen können, was wir in dreißig Jahren Isolation versäumt haben. Allerdings sind wir nun Begünstigte, vor allem in schlaflosen Nächten.

15. Januar
Rechtsstreit Hermann Kant – Kläger – gegen 1. Fischer Taschenbuchverlag, 2. Reiner Kunze – Beklagte – vor dem Landgericht Hamburg

Hermann Kant beantragt, unter Strafe zu stellen, die in einer Niederschrift des Ministeriums für Staatssicherheit festgehaltene und in dem Taschenbuch »Deckname ›Lyrik‹« zitierte Behauptung zu wiederholen, nach seiner Ansicht sei es im Herbst 1976 an der Zeit gewesen, »Kunze aus der DDR auszuweisen«. Diese Ansicht habe er, Kant, weder geteilt, noch geäußert.

Die Äußerung Kants wurde lt. einer »Information über beabsichtigte Maßnahmen des Schriftstellerverbandes zu dem Schriftsteller Reiner Kunze . . ., Berlin, 13. 10. 76, Rei/Ho« vom Generalsekretär des

Schriftstellerverbandes der DDR, Gerhard Henniger, im Ministerium für Staatssicherheit zu Protokoll
gegeben. Die Information war für den internen Gebrauch bestimmt, und der Informant wird namentlich genannt. Das von den hauptamtlichen Mitarbeitern des Ministeriums für Staatssicherheit erarbeitete und zur Information des eigenen Apparates bestimmte Material entsprach, was die mitgeteilten
Fakten betrifft, in der Regel akribisch dem Wissensstand der Offiziere.

Sämtliche in der »Information« vom 13. 10. 76 enthaltenen Angaben, deren Richtigkeit ich aufgrund
eigenen Erlebens oder anhand meiner Staatssicherheitsakte überprüfen konnte, entsprechen den Tatsachen.

21. Januar

Freya Klier: »Berlin, 18. 1. ... noch nie habe ich
Dich derart um Deinen Wohnsitz beneidet wie
heute! Am Sonnenhang, das klingt wie Aufatmen...«

22. Januar

Zu einer schriftlichen Arbeit, vorgelegt im Rahmen
der Ersten Staatsprüfung für das Lehramt, Thema
»Sensibilisierung für Sprache«: »Bilder seien ›verantwortlich für die Ausgewogenheit des inneren Gefüges eines Textes‹, schreiben Sie. *Verantwortlich*
kann nur der Mensch sein. Und wieso sind Bilder

verantwortlich für die *Ausgewogenheit* des *Gefüges?* An anderer Stelle heißt es: ›So verkörpert der wichtigste Baustein im lyrischen Werk . . . , die Bildhaftigkeit, die Grundlage in der ästhetischen Wirkung.‹ Vor diesem Abstraktionsgrad muß ich kapitulieren: Der *Baustein verkörpert* die *Grundlage* . . . Sie zitieren das ›Reallexikon der deutschen Literaturgeschichte‹: ›Ob ein Text überhaupt rezipiert wird, und wie er rezipiert wird, ist (. . .) das Ergebnis einer komplexen Interaktion zwischen Textstrukturen und psychisch-sozialen Strukturen des Rezipienten.‹ Folgen Sie nicht dieser Schule, es wäre schade um Sie.«

*

Frage. ». . . im Deutsch-Leistungskurs der Stufe 12 eines Hamburger Gymnasiums behandeln wir zur Zeit Ihr Werk ›Die wunderbaren Jahre‹. Das Kapitel ›Friedenskinder‹ ist in Abschnitte unterteilt, die Sie mit ›Sechsjähriger‹, ›Siebenjähriger‹ usw. betiteln. Es fehlt, nach unserer Meinung, der Abschnitt ›Zehnjähriger‹. Steckt dahinter eine Absicht, oder aus welchem Grunde unterbrachen Sie diese Abfolge?«

Antwort: »Diejenigen, über die ich schrieb, waren sechs, sieben, acht, neun und elf Jahre alt.«

24. Januar
Jörg Kastner gestern abend in der Staatlichen Bibliothek Passau: »Das Buch hat seine Heiligkeit verloren und ist eine Massenhure geworden . . . ›Des viel Bü-

chermachens ist kein Ende‹, klagt bereits der Prediger Salomo, und George Steiner braucht nur noch zu ergänzen: ›. . . des viel Büchermachens über Bücher und Büchermachens über diese Bücher ist kein Ende.‹ Wie sich die Mathematik auf eine Handvoll Axiome reduzieren läßt, sind sich auch unsere ewig dieselben Grundtexte fortlesenden Geisteswissenschaften in einem Punkt einig: daß die Primärtexte in Ewigkeit und in alle Unendlichkeit ausdeutbar bleiben, und so türmen sich über die Werke Goethes wahre Himalajazüge aus Papier, und nicht nur dies, über dieses Papiergebirge türmt sich ein weiteres Metagebirge, das von der semantischen Möglichkeit und der Theorie des Schreibens über Goethe handelt . . . Die Stimmen der Kritik häufen sich gleicherweise wie die Kommentierungen der kommentierten Kommentar-Kommentare . . . Unsere Gegenwart ertrinkt . . . in einer Sintflut des absolut Banalen, nicht mehr weiter Deutbaren, nicht Einzuordnenden . . . ›Überall herrschte eine banale Schläfrigkeit‹, bemerkte Salvian, der schärfste Kritiker des Verfalls der Antike in ihrem letzten Stadium, und der Zyniker Cioran sieht diese Müdigkeit und Erschlaffung überall: auf den Straßen, in den Neben-, Unter- und Obertönen der Bücher, im fehlenden Lachen . . . – Hölderlins Aufruf, daß ›gepfleget werde der feste Buchstab‹ . . ., wird unhörbar.«

25. Januar

Mitte der siebziger Jahre, wir wohnten damals noch in Thüringen, waren Margarete Hannsmann und HAP Grieshaber bei uns zu Besuch, und später lasen wir in einem Buch von Frau Hannsmann: »Ich klingelte. War es wirklich ein Fensterchen in der Glastür, mit weißen Ornamenten bemalt, das einen Mädchenkopf einrahmte?« Es muß wohl eine Halluzination gewesen sein, denn ein mit weißen Ornamenten bemaltes Fenster, das einen Mädchenkopf einrahmte, hat es nicht gegeben. In meinem Zimmer, so erinnerte sich Frau Hannsmann »dunkel«, habe sie Gegenstände entdeckt, die »für Meditationsübungen geeignet« seien. Das Zimmer, das sie beschreibt, war aber das Arbeits- und Schlafzimmer meiner Frau, und auf ihrem Schreibtisch stand ein anatomischer Schädel – sie ist Medizinerin und arbeitete damals u. a. als Kieferchirurgin. Schließlich will Frau Hannsmann »im dämmrigen Flur« die Schlafsäcke meiner »Jünger« bemerkt haben, die diese »nachts irgendwo in den Fluren ausrollten, um in der Aura des Heilsverkünders zu schlafen«. Das Wort »Jünger« legte sie mir, dem »Guru«, in den Mund.

Nun aber scheint selbst die Phantasie von Frau Hannsmann überfordert zu sein, denn ihr Name ist in einer Stasi-Akte aufgetaucht. »Im Sommer bzw. Frühjahr d. J. machte sie mich aufmerksam auf ein Interview, ich beziehe mich auf eine Quellenangabe, die ich gemacht habe im März oder April 1974«, berichtet der Rostocker Informant mit Decknamen »Horst Wilhelm«, und am Schluß der Tonbandabschrift heißt es: »Weitere Informationen werden genutzt nach Gesprächen mit Margarete *Hannsmann.*« Was sie dabei am meisten zu irritieren scheint, ist, daß nur sie erwähnt wird und nicht auch HAP Grieshaber. »M. H. allein gab es damals noch nicht«, schreibt sie in der »Neuen Deutschen Literatur«, der Zeitschrift des ehemaligen Schriftstellerverbandes der DDR. »Ich wohnte zu jener Zeit auf der Achalm bei Grieshaber: er gehörte zu keiner Partei, war Pazifist, Patriot, Weltbürger und hatte zwölf Jahre lang Malverbot von der Reichsschrifttumskammer. Warum kommt Grieshaber... nicht vor? Zumal er die maßgebliche Person war...« Ja, warum?

*

Die jahre- und jahrzehntelang Denunzierten beginnen, ihre Staatssicherheitsakten zu lesen, und sie nennen die Denunzianten entsetzt beim Namen. Eine Journalistin mit Namen Agnes Hüfner aber denunziert in der »Süddeutschen Zeitung« die Denunzierten ein weiteres Mal: »Scheinbar unvermeidlich geht es allerorten im neuen Deutschland damit weiter, daß Schriftsteller Schriftsteller denunzieren. *Am liebsten* tun das die früher aus der DDR freiwillig oder zwangsweise ausgesiedelten mit den dort gebliebenen.« (Hervorhebung von mir.)

27. Januar

Der Antikommunismus – die Grundtorheit unserer Epoche? Wenn man überhaupt von *der* Grundtorheit sprechen kann, besteht sie in der Meinung, Antifaschismus und Antikommunismus schlössen einander aus. Sie beglaubigen einander.

Nach dem Krieg sprach man nicht von »Antikommunismus«, sondern von »Antibolschewismus«, und zugeschrieben wurde das Wort von der »Grundtorheit« Thomas Mann. Dieser aber sagte: »Sie sehen, daß ich in einem Sozialismus, in dem die Idee der Gleichheit die der Freiheit vollkommen überwiegt, nicht das menschliche Ideal erblicke, und ich glaube, ich bin vor dem Verdacht geschützt, ein Vorkämpfer des Kommunismus zu sein. Trotzdem kann ich nicht umhin, in dem Schrecken der bürgerlichen Welt vor dem Wort Kommunismus, diesem Schrecken, von dem der Faschismus so lange gelebt hat, etwas Abergläubisches und Kindisches zu sehen, die Grundtorheit unserer Epoche.«

29. Januar
Urnenbeisetzung meines Vaters. Der Konvention zu genügen versucht. Das Stück des Weges, das man mit einem Menschen mitstirbt, verläuft im Innern.

2. Februar
Die West-Berliner Akademie der Künste faßte den Beschluß, die Mitglieder der Ost-Berliner Akademie der Künste *en bloc* aufzunehmen. – An den Präsidenten der Akademie der Künste, Prof. Dr. Walter Jens, Berlin: ». . . fast ein Jahrzehnt hoffte ich auf Anzei-

chen, in der Abteilung Literatur der Akademie der Künste werde jede Art ideologischer Dominanz der Vergangenheit angehören. Ich hoffte, weil ich mich der Akademie verbunden fühle – in einem entscheidenden Augenblick meines Lebens erfuhr ich von ihr entscheidende Solidarität... Sie, Herr Präsident, äußerten nun mit Blick auf Günter Kunert, der aus der Akademie austrat, weil er sich nicht genötigt sehen möchte, Mitgliedern der SED-Parteileitung des Schriftstellerverbandes der DDR gegenüberzusitzen, Austritte seien der ›kleinere Schaden‹... Sehr geehrter Herr Präsident, ich bitte Sie, meinen Austritt aus der Akademie zur Kenntnis nehmen zu wollen. Ich möchte jedoch betonen, daß mir dieser Schritt schon heute für den Tag leid tut, an dem die Akademie der Künste vornehmlich wieder vom Geist der Künste inspiriert sein wird.«

3. Februar
Hugo von Hofmannsthal: »Um überhaupt nur zu sehen, muß man den Sand aus den Augen kriegen, den die Gegenwart beständig hineinstreut.«

4. Februar

Entdeckungen

I
Nach einer Lesung in Soest zeigte mir vor Jahren eine junge Kroatin deutsche Gedichte ihres in Zagreb

lebenden Bruders *Marian Nakitsch*. Unter hundert zugeschickten oder zugesteckten Manuskripten befindet sich, wenn man Glück hat, eines, das einen Dichter verrät. An jenem Abend hatte ich dieses Glück. Wann schon kann man poetische Bilder lesen wie dieses:

> Die Ringelnatter liegt auf dem Tag,
> unauffällig beschienen
> von ihren eigenen Halbmonden.

Wann schon hört man ein »Nocturne« so anstimmen:

> Dem Hahn habe ich den Schnabel
> mit einem Regenfaden zugenäht,
> damit der Morgen allein erwacht.

Und wann ein »Nocturne« so enden:

> . . . der Pilgerstab aus Wachs wächst nieder.

Und der Bruder jener jungen Frau, die vorzüglich Deutsch sprach, war offensichtlich auch der eine von hundert, der Gedichte schreibt, weil er etwas zu sagen hat:

> Die Hände schlafen im Gebet.

> Gegrüßt seist Du, Maria,
> Du hilfst mir,
> den Himmel zu ackern.

Ich schrieb dem Dichter. Wir machten einander brieflich bekannt, und ich mußte viel lernen über Kroaten, Serben und mich selbst. Inzwischen war er

dreimal unser Gast. Bei seinen Besuchen füllt seine
Gegenwart das Haus, daß es nach seiner Abreise
wirkt, als seien wir die Gäste. Jedesmal beschenkte
er uns mit einem Gedicht.

Wie drei
Gott von den Fingern gefallene Ringe
gingen wir hin
mit goldenem Geläut...

Geboren wurde er am 7. Februar 1952 im kroati-
schen Novska. Seine Eltern leben seit vielen Jahren
in Werl und sind deutsche Staatsbürger. Sein Deutsch
ist Eigenlese von den Weinbergen Rilkes, Huchels,
Artmanns, Handkes... Er wohnt in Zagreb, lebt
geistig aber in Deutschland, dessen Gesetze es ihm
untersagen, seiner Sehnsucht nachzuziehen.

Wenn meine alte Mutter
mich anruft aus Deutschland,
bin ich wieder an der Schnur:
ihr einziger Sohn,
der mißratene Embryo.

Und wir sprechen nicht.
Ich liege hier, wartend
im Dunkeln, lautlos,
um nie geboren zu werden.

Seinen Namen wünscht er nicht Nakić geschrieben zu
sehen, sondern Nakitsch. Er fühlt sich als in Agram
lebender deutscher Dichter. Ein Nationalitätenkon-
flikt mehr? Zum Glück beträfe er nur einen Einzel-

29

nen, und dieser ist waffenlos, eben ein Dichter, und steht nur für sich selbst.

Eines der beeindruckendsten Gedichte Marian Nakitschs ist das Gedicht »Meine Mutter«:

1

Meine Mutter, barfuß, melodisch sich beugend
im goldenen Weizenrock, der erst zugeschnitten
                    werden mußte mit der Sichel
und ihr dennoch nicht gehörte, oder gebückt
nach Hallimaschen, ihren Rosen,
auf Wiesen auch, wo sie – der Heuschober die
                                  Kapelle –
mit vollen Händen, eine gute Katholikin,
im Gehen betete.

2

Meine Mutter, an Knochentuberkulose leidend
und dennoch melodisch sich beugend, immer
auf dem Rücken den Tragkorb,   [gebückt,
hatte schwielige Hände, zur Mahlzeit oft leer
wie Flügel, die Schweigerin,
eine Amsel, des Liedes beraubt, wie herrlich
war der Weihnachtsbaum geschmückt mit nichts
                                  als ihrem Nest.

II

Auf *Johannes Kühn* machten mich Irmgard und Benno Rech aufmerksam.

Sonnenblumen,
das sind die Räder

für die Mondscheinfahrt der Märchenkutsche,
wenn der gestiefelte Kater reist
in die kristallenen Bäder.
Das sind die Sommerbäume,
die lächelnd knicken,
wenn einer an ihnen
sich aufhängen will.

Eines seiner Saarland-Gedichte hebt an:

Es sind
des Nordens Vögel
geflogen an Rauchschwaden,
als wären es Bäume,
darauf zu ruhn.

Bilder über Bilder:

Zu wenig Märchen sind erfunden,
Nachtigall, für dich. Noch immer
fährt deine flötende Brunnenstimme
durch die Sträucher,
daß ihnen ist,
als trüge ihnen einer
die Hochzeit an.

Kühn vermag aber auch ein Gedicht aus einem einzigen Bild heraus zu entwickeln und ein großes, in sich geschlossenes dichterisches Gebilde zu schaffen:

Ich kam in einen Fuchsbau von Sätzen.
Es baute mein betrunkener Freund
sie lustvoll.

Und der Fuchs,
sein Geist,
lief durch die Dunkelheiten der Gänge,
geriet hier an ein Ende, dort in den gewundenen
dort an die Öffnung zum Himmel,   [Lauf,
der blauer hing, als er wirklich hängt.
Der Freund hört dem Freund zu.

Dann kam der Schlaf, schoß den Fuchs,
der durch den labyrinthischen Fuchsbau
der Sätze lief, schoß ihn tot,
einfach mit einem lautlosen Schuß,
ohne Jägertreiben.

Und was für bewegende Wendung ist der folgende
Strophenschluß aus dem Gedicht »Die Holzbank« –
eine Wendung, die die Vorstellung totalen Unbe-
haustseins hervorruft:

Nachts
schläft er hier,
der zigeunernde Mann,
. . . er ist es, der sie liebt,
sie nämlich ist ihm
sein einziges Möbel.

»Wenn ich zu Hause Gedichte schrieb«, notierte Johannes Kühn vor Jahren, »so entsinne ich mich sehr
wohl, wie meine Mutter mich einmal mahnte: lieber
Hans, sagte sie, ich habe auch Gedichte geschrieben,
jedoch beim Laden des Mistwagens, ich habe nichts
versäumt dabei, die leidige Arbeit ging schneller . . .

32

Ja, meine treusorgende Mutter. Aber ich konnte nie etwas für meine Verse, sie kamen und kommen.«

Doch was normal ist, bestimmen in der Welt der Normalen nicht diejenigen, die beim Mistladen Gedichte schreiben. »Für die Leute im Dorf war er nur von 1963 bis 1972 einer, der ganz dazugehörte«, berichten Irmgard und Benno Rech. »Damals arbeitete er bei der Tiefbaufirma seines Bruders im Graben . . . Daß er nicht aus seiner Heimat fliehen mußte, verdankte er vor allem seiner um zwanzig Jahre jüngeren Schwester. Großmütig gesteht sie ihm seine Eigenwilligkeit zu und läßt ihn sein, der er ist.«

Nun mit den Raben am Tisch des Lands und
sie nach Brot,   [klagend,
ich nach Freundschaft.

7. Februar

Heute wäre Jan Skácel siebzig Jahre alt geworden. In der Begründung für seine Wahl als korrespondierendes Mitglied der Bayerischen Akademie der Schönen Künste hieß es: »Auf den letzten Fotos sieht Skácel, fünfundfünfzigjährig, wie ein Siebzigjähriger aus. Seit Jahren wird er – oft jede Woche – in seiner Wohnung verhört.« Vor kurzem schrieb seine Frau, am Haus werde man heute eine Gedenktafel anbringen.

Jan Skácel
Winterlandschaft des herzens

Die schwarze frucht des winters in den zweigen
die erde beinhart

leere
ferne

Und allein und unter den seinen bleiben
wie am gefrorenen wasser die bank

Dank

Danken wir wie das kind für den apfel
für alles was war und von neuem irgendwann
[wird sein
dafür daß die nacht dem tag verläßlich folgte
für den trotzigen morgen

Danken wir wie das kind für den apfel
dafür daß das künftige gewesene schon hinter uns
daß der zeit wir gehörten   [liegt
wie dem fischer der fisch im netz

Danken wir wie das kind für den apfel
ohne vorwurf ohne demütigen stolz
für die freude die uns half daß der schmerz
sich durchschmerzt
für das zurückgeforderte geschenk

Danken wir wie das kind für den apfel

*

N. N. erzählte, im Jahre 1982 sei der Gedichtband
»wundklee« von Jan Skácel für einen Literaturpreis
vorgeschlagen gewesen, und nichts auch nur annä-
hernd Vergleichbares an literarischem Rang habe
vorgelegen. Eine Jurorin habe sich jedoch am Namen des Übersetzers gestoßen: Kunze sei bekanntlich ein Konservativer, und das könne dem Ansehen
des Preises schaden.

8. Februar
Joachim Walter in der »Zeit«: »Wenn Ex-Präsident
Kant den Fischer-Verlag, Karl Corino und Reiner
Kunze verklagt, um denen untersagen zu lassen, ein
belastendes Stasi-Dokument zu zitieren, und als Ent-
lastungszeugen seinen einstigen SED-Adlatus Henniger benennt, so ist das, als beriefe Don Giovanni
seinen Diener Leporello zum Kronzeugen seiner
Monogamie.«

10. Februar
Albert Camus' *Tagebuch 1951–1959* erschienen. –
Camus an einen Journalisten, der sich über Camus'
»hochmütige Einsamkeit« beklagt hatte (Brief nicht
abgeschickt): »In Wirklichkeit ringe ich mit der Zeit
und mit den Menschen um jede Stunde meiner Arbeit, zumeist vergeblich. Ich beklage mich nicht darüber. Mein Leben ist, was ich daraus gemacht habe,
und für seine Zerstreuung und seinen Rhythmus bin
in erster Linie ich verantwortlich. Aber wenn ich

einen Brief wie den Ihren erhalte, möchte ich...
zumindest bitten, man möge mich nicht so leichtfer-
tig anschuldigen. Um allen zu genügen, hätte ich
heute drei Leben und mehrere Herzen nötig... Ich
habe weder die Zeit noch vor allem die innere Muße,
um meine Freunde zu sehen, wie ich dies wünschte
(fragen Sie Char, den ich wie einen Bruder liebe...).
Ich habe keine Zeit, für die Zeitschriften zu schreiben, ...nicht einmal um Sartre ein Argument weg-
zunehmen. Sie können mir glauben oder nicht, ich
habe weder die Zeit noch die innere Muße, krank zu
sein. Wenn ich krank bin, gerät mein ganzes Leben
durcheinander, und ich muß wochenlang Verspätun-
gen aufholen. Aber am schlimmsten ist, daß ich nicht
mehr die Zeit und die innere Muße habe, meine
Bücher zu schreiben... Vorläufig genüge ich nicht,
jeder Brief zieht drei weitere nach sich, jede Person
zehn, jedes Buch hundert Briefe und zwanzig Brief-
partner, während das Leben weitergeht, während es
die Arbeit gibt, die Menschen, die ich liebe, und
jene, die mich nötig haben. Das Leben geht weiter,
aber des Lärms müde... und vom Wahnsinn der
Welt angegriffen, der einen beim Aufstehen mit der
Zeitung überfällt, und schließlich gewiß, daß ich
nicht genügen und alle Welt enttäuschen werde, habe
ich an manchem Morgen nur noch das Verlangen,
mich hinzusetzen und auf den Abend zu warten...
Ich bin vielen wertvollen Menschen begegnet, das ist
das Glück meines Lebens. Aber es ist nicht möglich,
so viele Freunde zu haben, und das ist mein Un-
glück...«

11. Februar

Marian Nakitsch ist für seine größtenteils noch un-
veröffentlichten Gedichte der Preis der Jürgen-
Ponto-Stiftung zur Förderung junger Künstler in
Höhe von 20 000 DM zuerkannt worden. Juroren:
Dr. Hans Bender und Prof. Dr. Walter Hinck.

13. Februar

Hans-Joachim Schädlich schreibt, er habe in der vergangenen Woche erfahren, daß sein ältester Bruder
Karlheinz zirka zwanzig Jahre lang inoffizieller Mitarbeiter des Staatssicherheitsdienstes war und über
ihn berichtet hat. »Einen Tag nach der Entdeckung
hat er es mir persönlich gestanden«, schreibt Schädlich. »Ich . . . denke ununterbrochen darüber nach,
wie ich mich verhalten kann (. . . auch gegenüber
anderen, die ich entdeckt habe).«

*

Pfarrer Roland Geipel, Gera: »4. Febr. 1992 . . . Ihren Brief haben Sie geschrieben an dem Tag, an dem
ich . . . umfangreiche Akteneinsicht hatte . . . Ich las
die Berichte meines Kollegen über mich. Sie ahnen,
welche Betroffenheit.«

*

Sylvia Patsch, die im österreichischen Rundfunk eine
mehrteilige Sendung zu »Deckname ›Lyrik‹« veran-
staltet hatte, sagte am Telefon, sie habe Anrufe erhalten, in denen behauptet wurde, so sei das nicht
gewesen.

17. Februar

Begegnung mit Gertrud Fussenegger, die in diesem
Jahr achtzig Jahre alt wird. Zu ihrer Begrüßung:
  »Wir hielten . . . erst einen Hahn, dann deren zwei.
Nun aber waren diese Hähne schwer nebeneinan-
der zu halten . . . Immerfort flogen die Federn,
bluteten die Kämme, so konnte es nicht weitergehen, einer von ihnen mußte sterben . . .
  Mein armer Bruder . . . mag damals dreizehn
Jahre alt gewesen sein. In diesem Alter steht
Mannhaftigkeit als drohende und zugleich berük-
kende Aufgabe vor dem Knaben. Mannhaftigkeit
aber ist zu lernen nur durch Bewährung. Bewährung auch vor einem Hahnenhals, bittere Sache.
  Mein Bruder war grün im Gesicht . . . Der Kopf
des Hahnes war auf den Block gelegt, niedergehal-
ten, das Beil erhoben, mit scharfem Streich geführt. Dann aber geschah es . . .
  Der geköpfte Körper entkam und taumelte flü-
gelschlagend einige Schritte umher. Da kam in
vollem Braus der freigelassene, zum Leben Be-
gnadigte, der Widersacher, kampflustig, wütend,
mit aufgesperrtem Schnabel.
  Schon wollte er sich auf den Feind stürzen, da
sah er – ja, was sah er? Er sah den klaffenden
Schlund, das quellende Blut, den taumelnden
Körper, den abgetrennten Kopf. Der Gegner war
tot. Doch – tot, was ist das? Eine Sekunde stand
der Überlebende starr. Dann wich er zurück, mit
gespreizten Flügeln, gesträubten Federn, Schritt
für Schritt rückwärts gehend, in einem Entsetzen,

das uns mitentsetzte, mit einem gellenden, nicht mehr hahnenschreiähnlichen Schrillaut.

Der Laut fuhr uns allen in die Glieder.

Mein Bruder warf das Beil zur Erde und ging.«

Dieser mit gespreizten Flügeln und gesträubten Federn vor seinem blutsprudelnden geköpften Gegner Schritt für Schritt zurückweichende und einen nicht mehr hahnenschreiähnlichen Laut ausstoßende Hahn – was für ein Bild des existentiellen Entsetzens, des Zurückweichens der Kreatur vor dem Tod!

»Jeder Mensch ist sich selbst kostbar«, schreibt Gertrud Fussenegger an anderer Stelle. »Er erlebt sich als unvertauschbar, und er erlebt sich als verletzlich. Sein ganzes Leben lang fürchtet er sich vor Verletzung... Der – möglicherweise gefährliche – Mitmensch wird zu mitmenschlicher Phantasie aufgefordert. Ihm wird anheimgestellt zu bedenken, daß auch er sich selbst kostbar, unvertauschbar und einzig, daß auch er verletzlich ist. Ihm wird der Analogieschluß nahegelegt, daß, wenn er verletzt, auch er verletzt werden kann... In der Gefährdung des einen wird die Gefährdung aller anderen sichtbar.«

Ein Plädoyer, das Leben in dem Maße zu entideologisieren, in dem Ideologie Brutalität zu rechtfertigen beginnt – was für ein Credo für einen Menschen, der bekennt, »kompletter ideologischer Verblendung«, ja »ideologischer Süchtigkeit« erlegen gewesen zu sein!

Das ungeheure, ungeheuerliche erzählerische

Bild und das Plädoyer, das zum Credo wird – zwei Facetten des Fusseneggerschen Werkes.

»Nach seinen besten Produkten muß man einen Dichter beurteilen, nicht nach seinen schlechtesten«, sagte Goethe im Gespräch, und Ralph Waldo Emerson schrieb – mir noch sympathischer, da auf alle bezogen –: »Jeder Mensch hat das Recht, nach seinem besten Einfluß beurteilt und charakterisiert zu werden.«

Würden wir von klein auf dazu erzogen, den anderen nach dem Besten zu beurteilen, das er zum Leben der Menschen beisteuert – und sei es in seinem engsten Umkreis –, und uns bei unserer Wertschätzung vor allem von den Vorzügen statt von den Grenzen seiner Individualität leiten zu lassen, wieviel mehr an gegenseitiger Bewunderung wäre unter den Menschen, wieviel mehr an Dankbarkeit, Behutsamkeit und Ursache, sich zu freuen – es wäre, scheint mir, die Gegenwelt.

Liebe Frau Fussenegger, wir freuen uns, heute abend mit Ihnen zusammensein zu dürfen, um dort fortzufahren, wo wir in uns selbst irgendwann einmal mit dieser Gegenwelt begonnen haben.

19. Februar

Indem die Mitmenschen ohne Unterlaß Zeitzeugenschaft vom einzelnen Künstler fordern, hindern sie ihn hervorzubringen, was hervorzubringen vielleicht nur er imstande wäre, und tragen so zur irreversiblen Verarmung der Menschheit bei.

*

Wenn René Char schreibt, die Poesie lebe von »ewiger Schlaflosigkeit«, meint er die Schlaflosigkeit des Unbewußten, das die Eindrücke und Erfahrungen, die es gespeichert hat, auch dann unablässig miteinander vergleicht und verknüpft, wenn der Mensch schläft. Auch der Traum lebt von dieser Schlaflosigkeit.

Ist es der Autor selbst, der keinen Schlaf mehr findet, bedeutet »ewige Schlaflosigkeit« den Tod der Poesie, und der Autor findet den Schlaf um so weniger, je mehr er gehindert wird, sich den Einfällen zuzuwenden, die das Unbewußte dem Bewußtsein zuspielt.

21. Februar
Wir können unsere Biographie nicht im nachhinein korrigieren, sondern müssen mit ihr leben. Aber uns selbst können wir korrigieren. Nur erwarte man nicht immer den öffentlichen Kniefall. Es gibt stumme Scham, die beredter ist als jede Rede – und zuweilen ehrlicher.

22. Februar
Wie ähnliche politische Umstände ähnliche Erfahrungen und diese ähnliche poetische Bilder zur Folge haben:

Ryszard Krynicki
(aus dem Polnischen von Karl Dedecius)

Die Zunge, dieses wuchernde Fleisch, das wächst
                              in der Wunde,
in der offenen Wunde des Mundes, der von
                              gelogener Wahrheit lebt,
die Zunge, dieses entblößte Herz, diese nackte
                              Schneide,
die wehrlos ist, dieser Knebel, der den Aufstand
                              der Wörter
niederschlägt, dieses gezähmte Tier . . .

Marian Nakitsch

Lange redete ich mit der Statue.

Meine Zunge ist jetzt
staubig und verwundet.
Wer soll sie mir reinwaschen,
wer ihr Schneider sein?

Meine Zunge ist eine heiße Schnecke,
deren Haus in Trümmern liegt.
Meine Zunge hinterläßt eine Spur.

26. Februar

Vor einigen Nächten las ich mich in den fünfzig oder
mehr Briefen fest, die ich in den letzten zweieinhalb
Jahren von Horst Drescher aus Leipzig bekam. Als
Schriftsteller hatte er die vergangenen zwei, drei
Jahrzehnte nur überleben können, weil seine Frau

am Südfriedhof einen Blumenladen unterhielt, in
dem er mithalf, Stiefmütterchen zu verkaufen und
Fichtenreisig zu schneiden. »Der Laden war schlimm
als Laden, aber er schützte vor der Sprache der Ver-
sammlung, gar einer Parteiversammlung. Diese
Sprache!«

Horst Drescher (Herbst 1989 bis Februar 1992):
Meine Post mußt Du nehmen wie ein nächtliches
Geplauder, aus ihr kann alles zitiert werden, mit
und ohne Herkunftsangabe. Als ich nicht publizieren konnte, wollte ich meinen kleinen Beitrag leisten... Und so habe ich in jenen Jahren viele
tausend Briefe geschrieben.

*

Manchmal spät abends gehe ich Alte Zeiten
durch, mein Lieber, wir waren in einem Kriege...
Bürgerkrieg, wenn wir Bürger gewesen wären.
Menschenkrieg aber dürfen wir es wohl nennen,
grauenhaft.

Hier sehe ich alles so desolat, daß man sich nur
freuen kann, wie halb blind und halb betäubt die
Zeitgenossen sind. Gnade.

Du müßtest mal in der Stadt die ratlosen Augen
der älteren Staatsinsassen sehen, ich lasse manchmal zwei-, dreihundert an mir vorübergehen, sehe
nur ihre Augen mir an... Die Zeit wird's richten,
die Zeit, die alles richtet und einebnet.

Bei einem Aufstand aus eigener Kraft nur: Wir säßen heute in den Internierungslagern, den vorbereiteten. Nein, sie hatten bereits gesiegt, wie auch ein KZ ein vollkommenes Gebilde war. Von innen her unauflösbar.

Über einen ungeheuren gefrorenen Sumpf ist man gelaufen, nicht nur über den Bodensee, über einen »abgrundtiefen« Sumpf.

. . . die SED lacht schon im Hintergrund mit der Faschingsmaske PDS vor dem Gesicht, wie auf florentinischem Karneval. Jede kommende Misere, jede Angst buchen sie. Ihre Kasse klingelt: Das habt ihr doch gewollt!

. . . eines ist klar, hier Mücken zu fangen ist albern, dieser Sumpf muß trockengelegt werden. Um der künftigen Generationen willen. Damit nicht wieder und wieder Generationen naiver Begabung da hineingeraten. Es ist so schwer herauszukommen, und wer zählt die Menschen, die darin untergegangen sind, oftmals auf schreckliche Weise, in diesem Sumpf des Zynismus.

So wurde alles zersetzt. Daß keiner keinem mehr traute am Ende. Ich halte diesen vielberedeten »Stalinismus« für etwas sehr Subtiles, die seelische Gefangenschaft, die Zersetzung aller wahrhaft menschlichen Beziehungen. Deshalb die furchtbare Ratlosigkeit derzeit.

Das Böse ist, daß die Menschen elastisch sein müssen, um zu überleben, also jung. Der Rest geht unter, ehe die Gesellschaft soweit ist, ihnen zu helfen. Helfen zu können. Das Zusammenbrechende ist recht anschaulich, das Kommende ein Versprechen; davon hatten sie genug. Diese Verwahrlosung! ... An der Mauer: *DEUTSCHLAND ERWACHE!,* durchgemalt das Verb: *VERRECKE!*

Es wird wie wilder Westen, weil alles auf die SED-Moral gesetzt war, und Alternatives wurde zertreten ... Und wo die All-Macht verfällt, da wuchert nun alles ..., derzeit noch gezähmt durch Gewohnheiten, Trott und den Anstand der Menschen unten, der zu allen Zeiten das Leben ermöglicht, vor allem der Schwachen. 45 war es auch so.

Du sagtest: Vergiß nicht, wir sind jetzt *ein* Land. Es gibt schon Momente, in denen ich mir sage, vielleicht hat er nicht ganz unrecht, womöglich kann ein wenig davon später mal wirklich ein bißchen wahr werden. Na, sagen wir ... vorsichtigerweise: Es ist dies nicht mehr ganz und gar unmöglich ...

*

Das Schlimmste für mich ist: Ich denke, darauf hast du also gehofft, gewartet. Nun öffnet sich, was geschlossen war. Und es ist ganz ohne die erwartete Heiterkeit und Gelöstheit. Nun hat man endlich seine Bücher in der Hand oder liest Seins in der Zeitung, und es regt sich wenig.

Ich denke darüber nach, was läßt einen nicht heiterer, lockerer werden in diesen sonnigen Oktober- und Novembertagen; vielleicht ist es die Einsicht, jetzt, was da geschehen ist in den letzten dreißig Jahren. Vincent van Gogh hat sich erschossen, als der erste Erfolg kam. Der Druck fällt weg, und man wird erst einmal krank.

Warum muß der Vorrat an Leben immer so am Ende des Elends am Ende sein . . .

Man müßte zwei Gesundheiten haben jetzt, hat aber nur noch eine halbe.

Selten ist eine ganze Generation so zusammengebrochen. Unaufstehbar, um ein merkwürdiges Wort zu bilden.

Und ein böses Gesetz der Natur: Ist das Können endlich erworben, dann ist es auch mit dem Grade der Ruinierung soweit.

Ich denke, in dem freudigen Schaum der Wochen wird noch kaum klar, was für eine ungeheure Tragödie jetzt am Horizont sachte auftaucht wie ein grauenhaftes Wintersternbild. Anderthalb Generationen der Besten, der Aufrechtgehenden wurden geopfert; und das Leben geht weiter, es ist ja

weitergegangen, es ist doch das Leben. Die Toten
sind tot, auch die lebenden Toten! Und die Lügen-
stränge sind ins lebendige Fleisch eingewachsen.
Es ist ein Mai 45 im Frieden. Wunderbar und
schrecklich. Aber vor allem wunderbar, wenn
auch schrecklich. Es verändert sich ja alles nur zur
Kenntlichkeit, warum also klagen.

*

Manchmal denke ich an Eure Gesichter, freilich
lächeln sie mehr, aber ein Gott vermöchte wohl zu
sehen, daß wir etwa alle gleich glücklich sind nach
diesem Leben in dieser Zeit.

*

Gestern habe ich in der Mehring-Buchhandlung
Alexander Solschenizyns »Archipel Gulag« gekauft . . . Ich kannte den Inhalt aus vielen Gesprächen, aber jetzt kommt beim Lesen der Schub
sozusagen angewandter Erklärungen über anderthalb Jahrzehnte . . . Wer solche Bücher schreibt,
der isoliert sich auf eine unmenschliche Weise, von
seinen Gegnern ohnehin und von seinen Freun-
den, selbst Seinesgleichen ist er ja nun ein Vorwurf; er hatte die Courage. Schriftsteller reagieren
auf die indirektesten Kränkungen! Ich hörte einmal . . . : So schlecht ist es dem doch gar nicht gegangen! Demagogie de luxe! Erzählen denn die
vergasten Juden auch nur ein wenig von dem
Schrecken? Und die erzählen, die wurden doch
offensichtlich nicht vergast; na also. – Nicht, daß

ich's nicht gewußt hätte, aber so eine Lektüre gibt dem aufklärenden Denken einen Schub . . .: Alle, all die wohllebenden Verehrer des Proletariats, von Kurella über St. H. bis H. K. und M. W. S., sie waren doch alle ganz leicht lenk- und leitbar. Die Macht ließ sie mehr oder weniger deutlich wissen: Ihr seid Stabsoffiziere, Ihr sitzt im Luxus-Stabswagen, der fährt gut gefedert und gut gepolstert durch eine der revolutionärsten Epochen der Weltgeschichte! Stoff für Dichter! Blut und Opfer! Hunger und Tode vieltausendfältig! Salon-Waggon links, Speisewagen 1. Klasse gegenüber, bei Wünschen klingeln. Es wird euch an nichts mangeln, solange ihr euch für die Verhältnisse in der endlosen Reihe roter Raben-Waggons nicht mehr interessiert als angeordnet. Und jeder Mensch ist ja ein Mensch, vor allem der Künstler. Von ihren sublimen Ängsten muß auch gesprochen werden, der Künstler hat eine weiche Phantasie. Und manchmal wurde einer aus dem Salon-Waggon geworfen, auf den Schotter. Zur Schulung. Diese Existenzform brachte die feingeäderte Verlogenheit in die »DDR-Literatur«, das indirekte Leiden, das Martyrium de luxe. – Darauf folgt nun die Große Nostalgische Ratlosigkeit.

Schicht um Schicht belichtet sich. Mir. Habe ich mir in Berlin die geschlagene Front der führenden Genossen Dichter und Denker besehen; weg von der Macht muß eigenartig sein, wie sich die Antlitze verändern, so entleert, ich meine sozusagen metaphysisch entleert... Die meinen... mit DDR-Literatur, was ich mit Partei-Literatur oder Staatsliteratur meinen würde, also was nun zu hunderttausend Tonnen Makulatur geworden ist.

Nun muß sich diese DDR-Literatur bewähren als deutschsprachige Literatur, wie die österreichische, wie die Schweizer Literatur... Vielleicht blickt man später mal da rein, wie man in ein riesiges, ein bißchen dusteres Aquarium blickt. Da schwimme ich dann, der Drescher, wie der Döbel, wie der Stör; so schön wie die Forelle freilich nicht, weil ich Dich schon wieder so frech lächeln sah.

Nun werfen die »Staatskünstler« der abgetakelten Macht die Orden vor die Füße... Sie nahmen sie dankbarselig aus den Händen der hochverehrten Staatsmacht, wohlwissend, daß nicht Geld, sondern Privilegien Villen und Volvos verschaffen; nun hat man Volvos und Villen, nun ehrt man sich nochmals durch Spucken auf die Hohen Orden.

Im übrigen zappelt viel Nachwuchs, der ist auch oft fünfundfünfzig Jahre alt, der zappelt nun herum und will immer ans Mikrophon, etliche erklären, daß sie niemals reden durften, nun stellt sich heraus, sie haben nichts zu sagen.

*

So viel ahne ich, diese Akademie wird sich energisch verändern, denn Leute in Not sind scharfge-

machte Leute. H. K. wirkt auch ohne Mitglied-
schaft ... Ja, mein Lieber, man muß energisch dabei sein in einer Diktatur, und dann dafür sorgen,
wenn's doch schiefgeht, daß man in einen Rechtsstaat fällt. Aber dann!

*

Die poetische Skácel-Prosa ... ist wie Wasser um
mich Fisch, wunderbar ernst-erfrischend ... Der
hebt einen auf. Was einen zermürbt hat, das sind
nicht Schläge, es sind die Demütigungen, die hundert Demütigungen.

Jan Skácel bedeutet mir sachte mehr als gute
tschechische Lyrik ... Im Fischer-Materialien-
band finde ich ein Foto: Skácel an Seiferts Grab.
Dieses verwandte Gesicht! Der Trotz der Bitter-
keit! Man muß sich wehren bis zuletzt; mehr wollen *sie* ja nicht, als daß man abstirbt ins Schweigen
oder ins Haßreden.

Literatur als Beruf und Berufung, niemals gibt's
ein gutes Ende. Ich denke oft an Uwe J. Im Mai
will man ein gesamtdeutsches Symposium machen
im Gohliser Schlößchen. Eine große Begabung,
zugrundegegangen zwischen Ost und West ...
Aber nun, nun kommen die Herren Professoren,
nun ist er unser!

Vincent van Gogh hat in für ihn übelsten Tagen ein
Selbstporträt gemalt, auf dem alles ringsum in zün-

gelnder Unruhe und beängstigend aufgelöst ist in grünlichviolettgraue Pinselhiebe, sein Gesicht aber ist Ruhe und Würde. Vor allem die Augen. So muß derzeit Prosa gemacht werden. Lyrik auch.

*

Ich war in der Toskana. Das ist in Europa.

Man geht durch Bern ... Aber wie ein Lärmkranker in die Stille seinen Zustand mitbringt, so bringt man unter friedliche Menschen sich selbst mit. Da wird man sich seiner erst bewußt!

Mit der S-Bahn war ich in München, das fährt alles wie im Frieden!

Heute früh war ein wunderbarer Rauhreif, was man einem Bayern alles bietet.

Die Menschen, die ich kennenlernte, sie sind freundlicher, wohlhabender, weltgewandter, moderner, friedlicher und – anders. Aber wie? Ich bin zum Beispiel altmodischer, nicht konservativer, das ist zu intellektuell, altmodischer, dieser unklare Begriff trifft was ganz präzise.

Die Stille hat etwas ganz ungeahnt Unangenehmes, da steigt in einem alles auf und mit bildhafter Gewalt. Und leider nicht nur das Schöne ... Runterschlucken muß man es ja auch noch.

Junge, wir haben einen Preis gezahlt, nahezu den gleichen, so extrem unsere Leben waren.

Jetzt wird Frühling, und kurioserweise in allen Bundesländern, den alten und den ehemaligen neuen. So ist am Ende noch etwas Erfreuliches gesagt.

28. Februar
Die Kinder kehren mit den Angelruten heim ins
sie tragen einen Fisch im Taschentuch   [Dorf
Er lebt noch
unterm nassen Stoff wackelt er leicht mit den
und löst Schleim   [Kiemen
Der Hund kann mit dem Schwanz wackeln oder der Mensch, dank dem Hals, mit dem Kopf, nicht aber der Fisch mit den Kiemen. Auch ist der Fisch kein »schleimlösendes Mittel«, sondern er selbst erzeugt Schleim, der über den Schuppen eine heilend wirkende Schutzschicht bildet und beim Schwimmen die Reibung vermindert.
Gott . . . gab den Fisch . . .
fast ein Lösegeld
für alles was er uns ansonsten vorenthält
Welcher *Dichter* wird in einem Gedicht »ansonsten« sagen? Drei Silben, und nichts wird sichtbarer, hörbarer, fühlbarer, ja, es wird nicht einmal etwas *gesagt,* vom Klang des Wortes ganz zu schweigen.
Der Himmel hat sich überzogen
und sanft in feinstem Gleichmaß geht der Regen
Der Himmel hat sich selbstverständlich »umzogen«.

So wenig, wie man vom Rezensenten eines Buches verlangen kann, daß er die Sprache beherrscht, aus der es übersetzt ist – insbesondere dann, wenn es sich um die Sprache eines zahlenmäßig kleinen Volkes handelt, hier des tschechischen –, so wenig braucht er in diesem Fall zu wissen, daß es bei Skácel heißt »pod mokrým plátnem zvolna pohybuje žábrami/a zalévá se slizem« (unterm nassen Leinen bewegt er langsam die Kiemen/und sondert Schleim ab) und »za všechno co nám skrývá« (für alles was er uns vorenthält). Um die Übersetzung als *deutsches* Gedicht beurteilen zu können, muß der Rezensent nur die eigene Sprache beherrschen und genau lesen.

Doch wer kann das noch, genau lesen? Und wer tut es, wenn er es kann?

Der Nachdichter sollte in die Übersetzung mindestens ebensoviel investieren, wie der Dichter ins Gedicht, der Rezensent in die Rezension aber wenigstens einen Bruchteil dessen.

29. Februar

Auch der 1933 mit seinen Eltern nach Großbritannien emigrierte Dichter Michael Hamburger ist aus der Akademie der Künste ausgetreten. – Michael Hamburger in seiner Autobiographie »Verlorener Einsatz«: »... ein Gefühl des Staunens, das auch in ein Gefühl der Empörung umschlagen kann – scheint für Lyriker charakteristisch ... und die Bedingung für ihr Ausharren im ›verlorenen Einsatz‹ zu sein ... Wenn das Staunen und die Empörung versiegen, versiegt auch der Lyriker ...«

5. März

Ich erzählte D., Leipzig, was uns gestern N. N. berichtete, der wiederholt mit Gorbatschow sprach: Im Herbst 1989 habe die Führung in Ostberlin Gorbatschow telefonisch ersucht, unverzüglich die in der DDR stationierten sowjetischen Truppen zu mobilisieren, um den Demonstrationen ein Ende zu bereiten. Der gewaltsame Umsturz stehe unmittelbar bevor und das Leben der führenden Genossen auf dem Spiel. Gorbatschow habe daraufhin Helmut Kohl angerufen, und dieser habe ihm versichert, daß die Demonstranten keinerlei Gewalt anwendeten. – D. meinte, das zu wissen, sei wichtig, um nicht der Versuchung zu erliegen, die Friedfertigkeit jenes Herbstes zu bereuen.

6. März

Professor Serge Sabarsky, New York, gestern zur Eröffnung einer Schiele-Ausstellung in H. Egon Wörlens Museum Moderner Kunst in Passau: »Der künstlerische Ausdruck seiner Empfindungen war ... unbelastet von jeglichem Schamgefühl. Er gab Sinnlichkeit offen wieder, so wie er sie empfand; und seine Landschafts- und Städtebilder malte Schiele ebenso nackt wie den menschlichen Körper.« Vielleicht wäre es weniger mißverständlich zu sagen, Schiele war in seiner Kunst frei von Schamgefühl, denn die Abwesenheit jeder Scham im Künstler muß einem Bild nicht immer zum Vorteil gereichen. Auch desavouiert die Formulierung »unbelastet von jeglichem Schamgefühl« jede möglicherweise zu Recht widerstrebende Empfindung im Betrachter.

Sabarsky weiter: »Er war äußerst eitel... Dieser Eitelkeit und dem daraus entstehenden Bedürfnis nach Anerkennung verdanken wir aber sicherlich die überraschend große Anzahl der Arbeiten, die Schiele in seinem kurzen Leben geschaffen hat.« Die Produktivität eines Genies wie Schiele vornehmlich auf Eitelkeit zurückzuführen, dürfte ebenso gewagt sein wie zu behaupten, es sei vor allem unserer Eitelkeit zuzuschreiben, daß wir atmen.

*

Eugène Delacroix in seinen »Notizen über ein Wörterbuch der Schönen Künste« zu dem Stichwort *Ausdruck*: »...daß man ihn nicht soweit steigern darf, daß er Abscheu erregt. Was Mozart zu diesem Thema sagt...« Möglich, daß Delacroix Mozarts Brief vom 26. September 1781 im Sinn hatte: »...weil... die leidenschaften, heftig oder nicht, niemal bis zum Eckel ausgedrückt seyn müssen...«

15. März

Am 18. März wird im Berliner Reichstag eine Aussprache mit Mitgliedern des Berliner Abgeordnetenhauses über die Akademie der Künste stattfinden. Trotz Aversion werde ich der Einladung folgen. Politiker und Öffentlichkeit sollen nicht nur von der einen Seite informiert werden. Ändern wird sich nichts.

*

Als ich noch in der DDR lebte, fühlte ich mich durch die West-Berliner Akademie der Künste beschützt und ermutigt. Eines Abends, es war bereits dunkel, standen zwei Personen vor dem Tor des abgelegenen, vom Staatssicherheitsdienst rund um die Uhr beobachteten Gehöfts, in dem ich arbeitete, und als ich mich vom Dachkammerfenster aus nach dem Begehren der beiden Gestalten erkundigte, sagte die eine: »Ich bin der Präsident der Akademie der Künste.« Sie hatten die Transitroute unerlaubterweise verlassen und sich bis zu diesem äußersten Winkel des Vogtlandes durchgeschlagen. Ich weiß nicht, ob jemand nachempfinden kann, was mir dieser Besuch bedeutete. Später, nach unserer Übersiedlung in die Bundesrepublik, beschenkte mich die Akademie mit unvergeßlichen Gesprächen – Partner waren Jean Améry, Hans Bender, Elias Canetti, Michael Hamburger, Uwe Johnson, Oscar Fritz Schuh oder Martina und Werner Düttmann, die vor dem Hoftor gestanden hatten. Aber schon ein Zunicken von Maria Wimmer oder ein Wie-geht's-Gespräch mit Martin Benrath in den Sitzungspausen waren ein Glanz auf meinem Hiersein.

Anfang der achtziger Jahre begannen mich die Sitzungen der Abteilung Literatur mehr und mehr zu bedrücken: Für die Jury eines Förderpreises war ein Journalist zu benennen gewesen, der der Akademie nicht angehörte. Ich schlug Dr. C. vor und begründete den Vorschlag. Professor Korlén aus Stockholm befürwortete ihn, indem er das internationale Ansehen von C. als Literaturwissenschaftler hervorhob, und auch Jürgen Becker, Berufskollege von C., sprach sich für ihn aus. Da sagte ein Mitglied aus Ost-Berlin: »Ich protestiere!« Darauf G., der die Sitzung leitete: »Dann nehmen wir einen anderen.« Ich fand jedoch, der Kollege aus Ost-Berlin schulde uns zumindest die Gründe für seinen Protest. Es folgte eine ausschließlich politische und bis zur Peinlichkeit unwürdige Begründung. Die Reaktion von G.: »Also, dann nehmen wir den W. Hat jemand etwas gegen W.? Gut, damit ist die Jury komplett.«

Als es vor einer Akademie-Präsidentenwahl fraglich zu sein schien, daß der bevorzugte Bewerber mehr Stimmen erhalten würde als der Gegenkandidat, entschloß man sich in der Abteilung Literatur, einen dritten Bewerber aufzubieten, damit dieser vielleicht ein, zwei Stimmen, die dem Gegenkandidaten zugute gekommen wären, an sich binde und so die vermutlich knappe Mehrheit des anderen verhindere. Diese Rolle zu übernehmen wurde ein Kollege gebeten, dessen bürgerlich-liberaler Habitus den nötigen Täuschungseffekt versprach. Er selbst sollte sich keinesfalls der Stimme enthalten, sondern sie jenem Bewerber geben, den man im Amt des Präsidenten sehen wollte. Dabei interessierten weder die künstlerischen Ansichten des Gegenkandidaten, noch dessen öffentliche Reputation, noch sein Integrationsvermögen, sondern einzig die Aussicht, die Akademie im Sinne der eigenen Ideologie künftig stärker politisieren und instrumentalisieren zu können.

Diejenigen, die es ablehnen, die ästhetischen Kriterien von politischen dominieren zu lassen, waren im Plenum nicht immer hellhörig. So ließen sie es dem Direktor der Abteilung Literatur durchgehen, daß er sie belog. Er hatte erklärt, in der Abteilungssitzung sei beschlossen worden, alle Mitglieder der Akademie aufzurufen, sich an einer von den Autoren initiierten politischen Protestdemonstration zu beteiligen. Ein solcher Beschluß war jedoch nicht gefaßt worden, und da ich es nicht hinnehmen konnte, daß der Aufruf auch in meinem Namen vorgetragen worden war, meldete ich mich zur Geschäftsordnung. Das Ergebnis: Demonstrativ lobte jemand den nicht existierenden Beschluß der Abteilung Literatur als politisch beispielgebend.

Eines Tages reichte ich einem Kollegen unserer Abteilung die Hand, und er drehte mir den Rücken zu. Ich vermutete Zerstreutheit und ging um den Kollegen herum. Er wandte mir abermals den Rücken zu. Ich vermutete noch immer Zerstreutheit und begrüßte die anderen. Als ich in der Pause einem Zuspätgekommenen die Hand geben wollte, blickte er mir ins Gesicht, die eine Hand am Pfeifenkopf, die andere in der Jackentasche. Sah ich denn nicht, daß er keine Hand frei hatte?

Das war die letzte Tagung der Akademie der Künste, an der ich teilnahm.

Zu meinen ebensowenig rühmens- wie beneidenswerten Eigenschaften gehört es, von zehnmal, da es geboten wäre zu sprechen, neunmal zu schweigen. Aber hinzunehmen, daß ich mich in der Abteilung

Literatur nicht mehr als Gleicher unter Gleichen fühlen durfte, nur weil ich nicht bereit war, die Demokratie ähnlich in Frage zu stellen, wie andere sie in Frage gestellt zu sehen wünschten, war mir nicht möglich. Mag einer denken: Was bildet sich der Kunze ein, er kommt aus dem Osten und will uns hier beibringen, was Demokratie ist! Möglich, daß ich nicht weiß, was Demokratie ist, aber eben, weil ich aus dem Osten komme, weiß ich ziemlich genau, was keine Demokratie ist.

Hans Egon Holthusen, der bereits 1983, also in dem Jahr, in dem ich mich von der Akademie zurückzuziehen begann, aus ihr austrat, schrieb damals an Günter Grass: »Sie haben unmißverständlich Partei ergriffen, und das ist ohne Zweifel Ihr gutes Recht. Aber Sie müßten doch, meine ich, in Ihrer Eigenschaft als Präsident unter der großen Zahl der Mitglieder auch Vorstellungen, die von den Ihrigen abweichen, für möglich halten. Sie müßten sie, scheint mir, auf ebenso unmißverständliche Weise gelten lassen, ... soweit sie nicht wider alle Vernunft und Menschlichkeit gerichtet sind.« Wenn so grundsätzlich Toleranz angemahnt werden muß und mit der Konsequenz eines unwiderruflichen Akademieaustritts angemahnt wird, dürfte die Demokratie bereits beschädigt sein.

Ich hoffte jedoch, eines nicht zu fernen Tages in der Abteilung Literatur wieder dem Geist Jean Amérys und Uwe Johnsons begegnen zu können. Nach der vor kurzem beschlossenen en-bloc-Übernahmeempfehlung und Äußerungen wie die von Walter

Jens über das »Modell . . ., das kleineren Schaden . . . erwarten läßt«, und der Heiner Müllers, Austritte nähme man »in Kauf«, ist aber nicht mehr auszuschließen, daß auch der Geist der Akademie die eine Hand am Pfeifenkopf, die andere in der Jackentasche haben wird.

Diejenigen, die in der West-Berliner Akademie für diese Entwicklung die Verantwortung tragen, und ihre ideologischen Mitstreiter unter den Mitgliedern der Ost-Berliner Akademie haben ihre DDR verloren, aber die Akademie der Künste fest in ihre Hand gebracht. Die leninsche Lehre von den Transmissionsriemen dürfte bei einigen von ihnen im Gedächtnis noch obenauf liegen und ihre schöpferische Anwendung auf die Akademie der Künste keine unüberwindlichen Schwierigkeiten bereiten.

Vier Bekräftigungen meines Verzichts auf die Akademiemitgliedschaft:

1

Michael Hamburger schrieb mir zu seinem Austritt aus der Akademie der Künste: »Was mich persönlich betrifft, muß ich Dir sagen, daß ich zwar sehr ungern diese letzte Verbindung zu meiner Geburtsstadt brach, daß ich aber schon seit Jahren nicht mehr gerne zu den Tagungen fuhr . . . Die Politisierung hatte schon früh begonnen. Fast keine meiner alten Freunde waren mehr dort zu sehen . . . Da ich aber nicht reisen kann, ohne eingeladen und unterstützt zu sein, werde ich voraussichtlich Berlin nicht wiedersehen . . . Das Altern ist für mich die Notwendigkeit, Eitelkeiten abzustreifen. Freundschaften und Loyalitäten sind keine Eitelkeiten; aber Mitgliedschaften ohne Funktion und Freundschaft sind Eitelkeiten.«

Michael Hamburger, ein durch und durch solidarischer Mensch mit durch und durch demokratischem Selbstverständnis, hat mit seinem Verzicht auf die Akademiemitgliedschaft ein existentielles Opfer gebracht. Denke ich an ihn und stelle ich mir dann vor, daß an der Stirnseite des Akademietischs zu sitzen auch künftig jene die Stirn haben werden, die ihm dieses Opfer abnötigten, von den Bis-zuletzt-Parteigängern einer Diktatur an ihrer Seite ganz zu schweigen, verläßt mich meine Gelassenheit oder, anders gesagt: packt mich der Zorn. Wenn ich von »Bis-zuletzt-Parteigängern« spreche, meine ich damit nicht *die* Mitglieder der Ost-Berliner Akademie.

2

In der Presse hieß es, Walter Jens habe gesagt, bei der Zusammenführung der beiden Akademien seien Austritte der »kleinere Schaden«. Tatsächlich aber hat er gesagt: »Wenn mein Votum sich durchsetzt, was zu hoffen ist, werden mehrere Mitglieder aus unserer Akademie austreten. Wenn ein anderes Votum sich durchsetzt, werden – das haben sie bereits mehr oder minder deutlich gesagt – alle Mitglieder aus dem Kreis der Akademie der Künste der DDR uns verlassen . . . Ich kann – so bitter es ist – nur das Modell wählen, das kleineren Schaden für unser Haus erwarten läßt . . .« Walter Jens hat also stets unterschieden zwischen Austritten von Mitgliedern der West-Berliner Akademie und Austritten von Mitgliedern der West-Berliner Akademie, die zugleich Mitglied der Ost-Berliner Akademie sind, und den »kleineren Schaden« allein in dem Modell gesehen, das Austritte von Mitgliedern zur Folge haben würde, die nur der West-Berliner Akademie angehören. Der Austritt eines Michael Hamburger oder Günter Kunert ist – so bitter es ist – dem Austritt eines Stephan Hermlin vorzuziehen. Wiederum ist Mitglied also nicht gleich Mitglied.

3

»Jens meint«, so die »Frankfurter Allgemeine Zeitung«, »die Abteilung (Bildende Kunst) könne sich ›neu rekrutieren‹, eine ›neue, mehr zukunftweisende Mannschaft zusammenstellen‹.« Das heißt, die achtzehn Mitglieder dieser Abteilung, die ausgetreten sind, waren weniger zukunftweisend. Einer von ihnen ist Professor Fritz Koenig, der das Mauthausen-Mahnmal schuf und dessen »Epitaphe« zum Zartesten, Anrührendsten und Erschütterndsten gehören, was ich an zeitgenössischer Bildhauerei kenne. Hätte ich die Akademie nicht bereits verlassen, wäre diese Äußerung von Walter Jens Anlaß für mich, meinen Austritt zu erklären. – Und was für eine Sprache: Nun wird »rekrutiert«, eine neue »Mannschaft zusammengestellt«.

4

Walter Jens weiter: »Eine Abteilung hat einen großen Aderlaß zu verzeichnen, aber es gibt noch andere wichtige Künstler auf der Welt.« Diese Äußerung ist die zynischste. Ein Fritz Koenig ist weder
durch einen ebensowichtigen Künstler zu ersetzen,
noch durch einen noch wichtigeren, und das deshalb
nicht, weil er Fritz Koenig ist, den es auf der Welt nur
ein einziges Mal gibt – und nur für kurze Zeit. Wie
sagte Bernt Engelmann, als mehrere Autoren aus
dem Verband deutscher Schriftsteller ausgetreten
waren? »Die Austritte werden leicht von den Zugän-
gen aufgewogen.« In diesem Denken wurzeln die
Schrecken unseres Jahrhunderts.

22. März
Die Else Lasker-Schüler-Gesellschaft lädt für den
Herbst nächsten Jahres zu einem Forum nach Wup-
pertal ein: Lyriker im Gespräch mit Gedichten von
Else Lasker-Schüler.

Gebet

Ich suche allerlanden eine Stadt,
Die einen Engel vor der Pforte hat.
Ich trage seinen großen Flügel
Gebrochen schwer am Schulterblatt
Und in der Stirne seinen Stern als Siegel.

Und wandle immer in die Nacht . . .
Ich habe Liebe in die Welt gebracht – . . .

Was da hinzufügen!

23. *März*

Heute vor zweihundert Jahren wurde in London Joseph Haydns Sinfonie G-dur Nr. 94 (»The Surprise« oder »mit dem Paukenschlag«) uraufgeführt. Haydn dürfte fasziniert haben, welche Wirkungen die Engländer aus der Pauke zu schlagen verstanden, die sich bei ihnen höherer kompositorischer Wertschätzung erfreute als auf dem Festland. Die Sinfonie Es-dur Nr. 103 (»mit dem Paukenwirbel«) bestärkt in dieser Annahme. Die Legende freilich läßt sich von so einfacher Erklärung des Paukenschlags nicht einmal die Noten umblättern.

*

Für einen Ausstellungskatalog des Prager Malers und Kinderbuchillustrators Karel Franta übersetzt: »Für Kinder zu malen, heißt für mich, zu den Spielkameraden nach Hause zurückzukehren. Zurück in jene Zeit, in der die Bäume für mich keine Äste hatten, sondern Stufen, in der ich glaubte, unterm Wehr wärme der Wassermann die Moldau, und in der ich mich als Indianer anschlich und das Gras ganz aus der Nähe betrachtete. Und der Himmel? Der Himmel war für mich ein endloses blaues Leinentuch, das einer meiner Drachen irgendwann einmal durchstoßen würde, um dahinterzublicken.«

24. März

Fast dreiundneunzigjährig starb gestern in Freiburg der Nationalökonom Friedrich August von Hayek. Er nahm uns die »Illusion der sozialen Gerechtigkeit«. F. A. v. Hayek: »Freiheit bedeutet, daß wir in gewissem Maße unser Schicksal Kräften anvertrauen, die wir nicht beherrschen.«

25. März

In der Post zwei Zeitungsausschnitte. Aus der »Süddeutschen« eine Todesanzeige mit dem Gedicht »Bittgedanke, dir zu Füßen«, die Hans Egon Holthusen schickte. Der eigentliche Anzeigentext besteht aus dem Namen und den Lebensdaten des Verstorbenen und den Namen zweier Hinterbliebener (Ehefrau und Tochter). – In Moritzburg entdeckte der Bildhauer Hans Georg Anniès ein Zeitungsfoto, auf dem eine Dresdner Plakattafel abgebildet ist. Text des Plakats: »Die Menschen haben nicht gewußt, daß es nichts Unbequemeres gibt als die Freiheit.« Der Satz ist einem Interview entnommen, in dem es weiter hieß: »Aber es gibt auch nichts Begehrenswerteres.«

27. März

Ein Gast, den im Gespräch keine Mitteilung erreicht, die nicht ihn selbst betrifft, ist eine Heimsuchung.

28. März

Auf dem zur Donau abfallenden Steilhang, der zu unserem Hausgrund gehört, ist eine dreißig Meter hohe Buche umgestürzt. Ein junger Bauer, der mit Traktor und Seilwinde kam, um den Baum zu rükken, meinte mit Kennerblick, das sei die natürliche Auslese. Auf meine vor kurzem operierten Kniegelenke verweisend, die mich hinderten, ihm zur Hand zu gehen, sagte ich, mit uns Menschen verhalte es sich ähnlich: Während er im Vollbesitz seiner Kraft stehe, sei die Natur merklich dabei, mich auszulesen. »Nein«, entgegnete er, »der Mensch kann denken, und da sind Sie mir überlegen.« Er war mir doppelt überlegen.

31. März

Beim Nachlesen in Georg August Griesingers kleiner Haydn-Biographie gefunden: »Damals waren am Hofe und an den Kirchen in Wien noch viele Kastraten angestellt, und der Vorsteher des Kapellhauses glaubte ohne Zweifel des jungen Haydns Glück zu gründen, wenn er mit dem Plane, ihn sopranisieren zu lassen, umging, und auch wirklich den Vater um seine Einwilligung befragte. Der Vater, dem dieser Vorschlag gänzlich mißfiel, machte sich schleunig auf den Weg nach Wien ... Hocherfreut, seinen Sohn unverletzt zu finden, protestierte er gegen alles fernere Ansinnen dieser Art ...« Haydn als Kastrat – man hätte die Menschheit um die »Schöpfung« gebracht.

*

Haydn habe Griesinger erzählt, »daß er einst in Gegenwart von K. und Mozart eines seiner Quartette aufführen ließ, worin einige kühne Übergänge vorkamen. ›Das klingt fremd, sagte K. zu Mozart, hätten Sie wol so geschrieben?‹ Schwerlich, antwortete Mozart; aber wissen Sie auch warum? weil weder Sie noch ich auf diesen Einfall gekommen wären.«

In Haydns berühmtem Brief nach Prag, wo man von ihm eine Opera buffa aufzuführen wünschte, heißt es: »Denn könnt' ich jedem Musikfreunde, besonders aber den Großen, die unnachahmlichen Arbeiten Mozarts, *so tief* und mit einem solchen *musikalischen Verstande,* mit einer *so großen Empfindung,* in die Seele prägen, als ich sie begreife und empfinde: so würden die Nationen wetteifern, ein solches Kleinod in ihren Ringmauern zu besitzen. Prag soll den theuern Mann fest halten – aber auch belohnen ... Mich zürnet es, daß dieser *einzige* noch nicht bey einem kaiserlichen oder königlichen Hofe engagiert ist! Verzeihen Sie, wenn ich aus dem Geleise komme: ich habe den Mann zu lieb.«

Mozart über Haydn, Haydn über Mozart ... Sie wußten, daß keiner des anderen Einfall haben noch dem eigenen »Genius« befehlen kann. Und: Sie *hatten* Einfälle. Daher ihre Souveränität, ihre selbstverständliche Bewunderung des anderen, ihre Dankbarkeit.

2. April

Wir haben kein Fernsehen, so daß uns sicherlich manches entgeht. Aber wir haben kein Fernsehen, damit uns nicht entgeht, was uns entgehen würde, wenn wir Fernsehen hätten.

3. April

E. wies mich auf ein Zitat hin, das sie in Allan Bullocks Doppelbiographie »Hitler und Stalin« gefunden hat. Pjatakow, der unter Stalin zu einem Geständnis gezwungen, verurteilt und hingerichtet wurde, sagte im Jahre 1928: »Laut Lenin beruht die Kommunistische Partei auf dem Prinzip des Zwangs, das weder Grenzen noch Hemmungen anerkennt... Dieses Prinzip grenzenlosen Zwangs ist das Fehlen jeder nur vorstellbaren Begrenzung – in sittlicher, politischer und sogar in physischer Hinsicht... Ein wahrer Bolschewik hat seine Persönlichkeit in der Kollektivität, der *Partei*, in einem solchen Ausmaß aufgehen zu lassen, daß er die notwendige Anstrengung unternehmen kann, sich von seinen eigenen Ansichten und Überzeugungen zu trennen und aufrichtig mit der Partei übereinzustimmen.«

4. April

Erstmals finde ich Theodor W. Adornos Widerruf seines 1949 aufgestellten Diktums zitiert, nach Auschwitz ein Gedicht zu schreiben, sei »barbarisch«. Adorno 1966: »Das perennierende Leiden hat so viel Recht auf Ausdruck wie der Gemarterte zu brüllen; darum mag falsch gewesen sein, nach Auschwitz ließe kein Gedicht mehr sich schreiben.«

6. April
Thomas Bader, Buchhandlung zum Wetzstein, Freiburg: »In der Vergangenheit hatte ich immer wieder Schaufenster mit Lieblingsbüchern von Schriftstellern dekoriert . . . Nun möchte ich Sie fragen . . .«

*

Kleine Auswahl von Werken modernerer Literatur, die ich zu meinen Lieblingsbüchern zähle oder denen ich grundlegende Erkenntnisse verdanke:

Aichinger, Ilse
   verschenkter Rat
   Kleist, Moos, Fasane
Ajar, Emile
   Du hast das Leben noch vor dir
Améry, Jean
   Jenseits von Schuld und Sühne
Aron, Raymond
   Plädoyer für das dekadente Europa
Bachmann, Ingeborg
   Die gestundete Zeit
   Anrufung des Großen Bären
Biermann, Wolf
   Die Drahtharfe

Busta, Christine
   Unterwegs zu älteren Feuern
Camus, Albert
   Die Pest
   Der Mythos von Sisyphos
   Fragen der Zeit
   Tagebücher 1935–1951
   Tagebuch 1951–1959
Celan, Paul
   Sprachgitter
   Die Niemandsrose
Einstein, Alfred
   Mozart
Grimm, Jakob und Wilhelm
   Deutsches Wörterbuch
Hayek, Friedrich August von
   Recht, Gesetzgebung und Freiheit, Band 2:
   Die Illusion der sozialen Gerechtigkeit
Hemingway, Ernest
   Der alte Mann und das Meer
Huchel, Peter
   Chausseen, Chausseen
   Gezählte Tage
Jandl, Ernst
   Dingfest
Jiménez, Juan Ramón
   Herz, stirb oder singe
   Platero und ich
Kaschnitz, Marie Luise
   Tage, Tage, Jahre

Kirsch, Sarah
    Landaufenthalt
    Rückenwind
Kühn, Johannes
    Ich Winkelgast
Kunert, Günter
    Gedichte. Reclam
Lasker-Schüler, Else
    Sämtliche Gedichte. Kösel
    »Der Blaue Reiter präsentiert Eurer Hoheit
    sein Blaues Pferd« (gem. mit Franz Marc)
Mandelstam, Ossip
    Gedichte. S. Fischer
Miłosz, Czesław
    Verführtes Denken
Morin, Edgar
    Das Rätsel des Humanen
Palm, Erwin Walter (Hrsg.)
    Rose aus Asche
Popper, Karl
    Die offene Gesellschaft und ihre Feinde
Saint-Exupéry, Antoine de
    Der kleine Prinz
Skácel, Jan
    Fährgeld für Charon
    wundklee
    Das blaueste Feuilleton
    Die letzte Fahrt mit der Lokalbahn
Solschenizyn, Alexander
    Im Interesse der Sache
    Archipel GULAG

Ungaretti, Guiseppe
  Gedichte. Suhrkamp
Zweig, Stefan
  Ein Gewissen gegen die Gewalt
  Triumph und Tragik des Erasmus von Rotterdam

7. April

»Ich erinnere mich der Küche meiner Großmutter. Sie war schmal und hell und lief quer auf die Bahnlinie zu. An ihren guten Tagen setzte sie sich auch darüber hinaus fort, in den stillen, östlichen Himmel hinein. An ihren schlechten Tagen zog sie sich in sich selbst zurück. Sie war überhaupt eine unverheiratete Küche, etwas wie eine wunderbare Jungfer, der die Seligpreisungen der Bibel galten. Abgeblättert und still, aber nicht zu schlagen . . .

Die Küche kam allen Plänen entgegen, ihr Licht schmeichelte ihnen und ließ sie wachsen. Fuhr dann unten ein Güterzug vorbei und füllte die Augen, so war es, als wäre man heimgekehrt aus vielen Erdteilen, als kennte man die Freuden der Welt und brauchte sie nicht mehr.«

Ilse Aichinger

Die Küche der Großmutter läuft quer auf die Bahnlinie zu. Quer auf etwas zulaufen – auf wieviel Hemmnisse in sich selbst deutet das hin. Und Ilse Aichinger sagt auch, was für Hemmnisse das sind: An ihren schlechten Tagen zieht sich die Küche in sich selbst zurück. Die Schwermut ist es, die ständig von neuem überwunden werden muß.

Ilse Aichingers Texte sind überwundene Schwermut.

»Wir sind gar nicht gemeint«, sagt sie. »Gemeint ist, was an uns Licht gibt.«

Ilse Aichinger ist eine Last-in-Licht-Verwandlerin, ohne falsches Bewußtsein zu schaffen.

8. April

Kaum eine Musik macht mir so schmerzlich bewußt, daß wir vergänglich sind, wie die Musik Chopins. Das Absolute an ihr (das Schöne, dessen Linie haarscharf ist, so daß sie nur um tausend Meilen überschritten werden kann, wie Hebbel sagt) wirft diesen Schmerz als Schatten.

Das Largo der h-moll-Sonate . . . Diese Musik verspricht nichts, sie löst ein.

11. April

Bei einem RIAS-Gespräch mit Hans-Georg Soldat erinnert:

Bücher gab es in meinem Elternhaus keine, doch entsinne ich mich zweier anderer Druckerzeugnisse.

Donnerstags wurde der »Wegweiser« zugestellt, eine Illustrierte. Der Zeitungsbote, ein kahlköpfiger Hüne mit lederbezogener künstlicher Hand, hatte eine in meinen Augen riesige schwarze Ledertasche umhängen, deren Klappe er zuschnappen ließ wie den Bügel einer Falle. Wagte ich, mich meiner Mutter zu widersetzen, lautete die stereotype Drohung:

»Warte, das sage ich dem ›Wegweiser‹-Mann, der nimmt dich mit!« Diese Drohung war so furchtbar, daß sie geeignet gewesen wäre, mir auf Lebenszeit nicht nur sämtliche Illustrierten, sondern auch den Donnerstag zu vergällen.

Mein Vater erhielt die Zeitschrift »Der politische Leiter«. Wer ihm dieses Abonnement aufgeredet hatte, weiß ich nicht. So, wie die Zeitschrift kam, verschwand sie im Nachtschränkchen, wo sich die Hefte unberührt stapelten. Eines Tages verlockte mich ihr steifes Umschlagpapier, Schwalben zu basteln und sie auf dem Trottoir fliegen zu lassen. Mein Vater, von der Schicht kommend, versetzte mir eine Ohrfeige, die ich nicht nur ihrer Wucht wegen nicht vergaß, sondern auch deswegen nicht, weil sie die einzige Ohrfeige war, die ich je von ihm erhalten habe. Ich vergriff mich nie wieder an den Heften, aber um zu begreifen, war ich zu klein. Vermutlich hatten meine Schwalben aus Propaganda-Material der Nationalsozialisten bestanden, und die Ohrfeige war angstgeschneidert gewesen.

*

Nicht, weil ich überdurchschnittlich begabt gewesen wäre, sondern weil ich ein Arbeiterkind war, wurde ich nach dem Krieg von der sechsten in die achte Klasse vorversetzt. Es galt, die von der sowjetischen Besatzungsmacht angeordneten Gymnasialklassen für Arbeiter- und Bauernkinder zu füllen.

Nach Unterrichtsschluß schleppte mich der Lehrer, der meinen Eltern die Zustimmung abgerungen hatte, mich auf die höhere Schule zu schicken, ins Konferenzzimmer und begann, mir die Prozentrechnung beizubringen.

»Nehmen wir also an«, sagte er, »fünf ist gleich hundert.«

Ich war auf der Hut. »Fünf ist viel weniger als hundert«, sagte ich.

»Du verstehst mich nicht«, sagte er, »du kannst für fünf auch sieben sagen.«

»Wieso?«

»Weil beides hundert sein kann.«

Das wußte ich besser: Wenn fünf gleich hundert ist, kann nicht sieben gleich hundert sein, denn sieben ist nicht gleich fünf.

»Du verstehst mich noch immer nicht«, sagte er, »auch drei Millionen können gleich hundert sein.«

Meinem schallenden Lachen folgte eine lange Konferenzzimmerstille, und wenn ich mich auch nicht bis ins Letzte für den Wortlaut dieses Gesprächs verbürgen kann – für die Traurigkeit, mit der sich die Augen des Lehrers füllten, verbürge ich mich. Er sagte nur noch: »Na gut, Reiner, du kannst gehen.« Mein Lachen hatte ihn wohl davon überzeugt, daß mir die Welt des Berechenbaren weitestgehend verschlossen bleiben würde.

✻

Bei der Aufnahmeprüfung in der Oberschule stand im Fach Mathematik eine Gleichung mit einem »y« an der Tafel. Ich brach das streng bewachte Schweigen mit dem Zwischenruf »Ach, das gibt's doch gar

nicht, mit Buchstaben kann man doch nicht rechnen!«

Man gab mir dennoch eine Chance.

*

Nicht nur wir Schüler, auch die meisten unserer jungen Lehrer ahnten nicht, daß wir dazu ausersehen
waren, ein gigantisches Lügengebäude zu verinnerli-
chen, und daß wir das exakte Wissen, das uns zu
vermitteln unumgänglich war, einzig zu dem Zweck
überantwortet bekommen sollten, dieses Lügengebäude zu stützen.

Die indoktrinäre Leistung: ein Bewußtsein auszu-
bilden, das sich seiner selbst als seines Gegenteils
bewußt war – als Träger letzter Wahrheiten.

13. April
Heute vor fünfzehn Jahren in die Bundesrepublik
Deutschland übergesiedelt.

14. April
*Weitere im Gespräch mit Hans-Georg Soldat erinnerte
Einzelheiten:*
Ein Verwandter, der unter Hitler Schutzpolizist
gewesen war, schenkte mir im Jahre 1951 ein Buch,
das unter seinem Schutz das Dritte Reich überstan-
den hatte: Franz Kafka, »Der Landarzt«. Der Verwandte hatte allerdings nicht gewußt, wer Kafka war.

Auch ich wußte es damals nicht und stellte das

Buch im Studentenwohnheim auf mein Bücherbrett. Doch noch am selben Tag mußte ich zur Kenntnis nehmen, daß ich mich der *Verbreitung bürgerlich-dekadenter Literatur* schuldig gemacht hatte. Sämtliche verantwortlichen Gremien nahmen sich des Falles an, und nur meine tatsächliche Ahnungslosigkeit bewahrte mich davor, für ein Jahr zur Bewährung in die *Produktion* geschickt zu werden. Aber mir wurde eingeschärft, künftig politisch erfahrene Personen zu Rate zu ziehen, falls mir der Autor eines Buchs unbekannt sein sollte.

*

Professor Eildermann, der Direktor des Instituts für Theorie und Praxis der Pressearbeit, hielt eine Vorlesung über das Gedicht »Der Plan« von Jurij Brězan. Die Zeitung »Neues Deutschland« hatte es auf der Titelseite gedruckt. Das Gedicht, so der Professor, ersetze eine Anzahl Leitartikel. Das war das Ideal.

Woher hätten *wir* es besser wissen sollen? Index und ideologischer Gehorsam isolierten von der Welt, und durch eine elterliche Bibliothek hatten wir uns nicht hindurchlesen können . . .

*

Als eine hochschwangere Studentin darum bat, sie von Hausagitationseinsätzen zu befreien, da ihr das Treppensteigen immer beschwerlicher werde und sie zunehmend an Schwindelanfällen und Erbrechen leide, warf ihr eine Dozentin mangelndes politisches Bewußtsein vor.

Ich schrieb eine Satire, und der »Eulenspiegel«
druckte sie. Der Text begann (ich zitiere aus dem
Gedächtnis): »Genossen, Freunde, folgendes, / die
Sache, die ist die, / daß sie gezeugt, / und also nicht
mehr überzeugen will . . .«

Ein aus Kiew stammender Gastprofessor namens
Ruban, für dessen Vorlesungen über russische Literatur ich von Woche zu Woche die Lyrikzitate übersetzte, rettete mich vor der Exmatrikulation. (Er
wurde kurze Zeit später abgelöst. An seine Stelle trat
Prof. Dr. Basil Spiru, der seine Diskussionsbeiträge
mit den Worten einzuleiten pflegte: »Ich bin seit
fünfundzwanzig Jahren Mitglied der ruhmreichen
Kommunistischen Partei der Sowjetunion!«)

*

Ich nahm an Übungen für vormilitärische Ausbilder
teil und kommandierte anschließend meine Kommi-
litonen. Wenn ich lese, was ich damals schrieb, er-
schrecke ich nicht erst heute, daß darunter Verse
sind, die man nicht hätte schreiben können dürfen.

Desillusionierung auf der einen, die Illusion vom
einzig menschenwürdigen Gesellschaftssystem auf
der anderen Seite – mehr als zehn Jahre bedurfte es,
bis diese innere Konstellation zur Stunde Null führte.

*

»Ich habe Ihnen von Anfang an gesagt, mit Ihnen
wird es nicht gut enden«, sagte der Dekan. Als ich
ihm mein Anliegen angedeutet hatte, waren wir ins
Freie gegangen. »Dann schreiben Sie mir wenigstens

einen martialisch parteilichen Brief, wenn Sie kündigen, damit ich ein Letztes für Sie tun kann.« Ohne seinen Einfluß wäre meine Kündigung nicht angenommen worden, sondern man hätte mich von der Universität »entfernt«. Sein Name war Hermann Budzislawski. Er war Pressegeschichtler und in die USA emigriert gewesen.

Weder zu diesem Zeitpunkt noch in den darauffolgenden Jahren erwog ich, mich und jene, die sich für mich verwendet hatten oder mir weiterhin beistanden, den Folgen eines Parteiaustritts auszusetzen. Erst mit dem 21. August 1968 war er für mich unumgänglich geworden.

19. April
Osterlektüre
Mario Vargas Llosa: »Als mein politisches Leben begann, nahm ich mir eines vor: ›Ich werde es mir nicht nehmen lassen, mindestens ein paar Stunden täglich zu lesen und zu schreiben. Selbst dann nicht, wenn ich Präsident werde ... Ich erfüllte nur einen Teil meines Versprechens: Ich las, wenn auch nicht so viel, wie ich gehofft hatte. Zu schreiben war unmöglich ... Ich konnte mich nicht konzentrieren, mich nicht dem Spiel der Phantasie hingeben, nicht jenen Zustand erlangen, in dem ich mich von allem gänzlich losriß ...«

20. April
Osterlektüre

Norman Manea: »Während man vielen Intellektuellen aus dem Osten Opportunismus vorwerfen kann (denn es bedurfte keines besonderen Scharfsinns, um die Pervertierung des Ideals in der profanen sozialistischen Realität zu erkennen), haben viele Intellektuelle im Westen als Komplizen in ›Freiheit‹ mitgewirkt, indem sie auf korrupte Art und Weise ein kompromittiertes Ideal konservierten. Sie verlegten in dieses Ideal ihre Unzufriedenheit mit der Unvollkommenheit der Demokratie, in der sie lebten und deren Privilegien sie weiterhin genossen. Aber die ganze Schuld des ›totalitären Kompromisses‹ wieder den Intellektuellen zur Last zu legen, wäre ebenso falsch, wie ihnen den ganzen antitotalitären Heroismus zuzuschreiben.«

Adam Michnik: »Die totalitären Festungen fielen wie Kartenhäuser in sich zusammen. Das Fest der Freiheit brach an. Aber wie jedes Fest war es von kurzer Dauer. Danach begann eine Zeit des brutalen Kampfes um die Macht ... Auf der einen Seite steht die Idee der autoritären Gewalt, die Rückkehr in die Vergangenheit, der Kult einer starken Regierung, die mit einem Chaos enden muß, ein Populismus, der sich gegen die sozialen Ungleichheiten, eingeführt durch die Mechanismen des (freien) Marktes, auflehnt, Nationalismus und Fremdenfeindlichkeit, die die Verantwortlichen für alles Übel bei den Fremdstämmigen suchen ... Aber es gibt auch eine zweite Idee, die auf dem Wertekodex der jüdisch-christlichen Kultur begründet ist, auf Pluralismus, Toleranz, auf dem Glauben an den Wert des Rechtsstaats und der bürgerlichen Gesellschaft, auf der Überzeugung, daß die moderne Gesellschaft ihrer Natur nach eine multikulturelle Gesellschaft ist. Niemand von uns vermag zu sagen, wie das Resultat des Konflikts dieser beiden Kulturen und dieser beiden Mentalitäten ausfallen wird. Wir wissen aber, daß es den demokratischen Revolutionen am schwersten fällt, vor ihrem dritten Abschnitt haltzumachen. Denn wenn die erste Phase eine Phase des Kampfes um die Freiheit, die zweite eine Phase des Kampfes um die Macht ist, dann ist die dritte Phase die der Diktatur der Sieger und der Revanche gegenüber den Besiegten. Cromwell und die Jakobiner, die Bolschewiki und Chomeini belegen das Schicksal von Revolutionen, die sich in ihrem dritten Abschnitt befinden; Spanien hingegen, Portugal und kürzlich Chile repräsentieren das Schicksal von Staaten, in denen große revolutionäre Veränderungen vor dem Abschnitt ihrer Pathologie haltmachen, wenn die demokratische Ordnung und die Freiheit sich selbst vor dem Geist des Revanchismus und der Intoleranz bewahren können.«

*

Soeben fuhr auf der Donau der Schubschlepper »Zadowsk« vorüber, am Heckmast noch immer die rote Flagge mit Hammer und Sichel. Wüßte man, daß sie statt Tuch für die neue Fahne Kleiderstoffe produzieren, genug und vom Schönsten ...

23. April

Für Dorothee v. W., die fragte, warum ein Autor seine Gedichte vorliest:

1. Manchmal geht in den Augen der Zuhörer etwas vor, das für alle Risiken entschädigt.

2. Um einer einzigen Schülerin oder einem einzigen Schüler für ihr Leben die Poesie zu entdecken, lohnt es, an hundert Schulen zu lesen.

3. Buchhändler, die von Büchern besessen sind und von ihren Kunden geliebt werden, sind rar und werden immer seltener. Von ihnen zu einer Lesung eingeladen zu werden, ist eine Ehre, und ihre Einladung anzunehmen, ein Muß. Sie sind *die* Verbündeten des Autors.

4. Nur wenige Menschen brauchen zum Leben das Gedicht. Der Verlag, der meine Gedichte druckt, darf erwarten, daß ich das Meine tue, seine Einbußen zu mindern.

5. Da ich vom Verkauf meiner Bücher nicht leben könnte, muß ich dankbar sein, zu Lesungen eingeladen zu werden.

24. April

Georg Seidel (1945–1990), in der DDR verboten gewesener Schriftsteller: »Ich glaube nicht daran, daß man mit Kunst die Welt verändern kann, ich weiß nur, daß das Vorhandensein von Kunst die Veränderung ist, selbst wenn die Kunst nicht wahrgenommen wird.«

26. April

Seit ich mehrmals von Autographensammlern erbetene Gedichtabschriften nach kurzer Zeit in Antiquariatskatalogen angeboten fand, gebe ich keine Abschriften mehr aus der Hand. Vor einiger Zeit legte ein Sammler eine Zehn-Mark-Gedenkmünze ins Kuvert, die ohne Gegengabe zu behalten ich mir schäbig vorgekommen wäre, die eingeschrieben zurückzusenden aber 4,20 DM gekostet hätte (die jährlichen Portokosten gehen bereits in die Tausende). Also schrieb ich dem Sammler ein Gedicht ab – er hatte immerhin ein Opfer gebracht. Die Folge: Vorwürfe und Forderungen jener Sammler seines Bekanntenkreises, deren Bitten nicht erfüllt worden waren. Sie töteten die letzten Skrupel.

27. April

Jeden Sonntagnachmittag sendet der Österreichische Rundfunk ein »Menschenbild«, in dem ein Mensch über sein Leben erzählt. Hubert Gaisbauer und Heinz Janisch haben zwanzig der über vierhundert Sendungen als Buch herausgegeben. – Ilse Aichinger: »Ich habe als Kind daran geglaubt, daß ich schneller bin als die Straßenbahn – da bin ich auch immer gerannt. Und jetzt glaub' ich's auch noch, aber ich renn' nicht mehr... Ich habe gar keine besonders aufregende Kindheit gehabt. Aber man gehört einem anderen Orden an.« Oder Schalom Ben-Chorin: »...aus einem Lande kann man auswandern, aus der Sprache nicht. Und so möchte ich sagen, in mein Herz münden Jordan und Isar. Das läßt sich geographisch wohl kaum vereinen, aber psychologisch wohl. Das Herz des Menschen ist ein Ort der Wunder.«

29. April
Olivier Messiaen: La colombe, Prélude, 1929. Viele Komponisten haben sich vom Gesang der Vögel inspirieren lassen, aber Messiaens Taube hat das Wesen einer Taube und fliegt. Sie fliegt von Liszt direkt zu Messiaen (möglicher Rastbaum: Debussy). Messiaen war einundzwanzig Jahre alt, als er die Préludes komponierte. Vorgestern nacht ist er gestorben.

1. Mai

Johannes Kühn
Der Rattenfänger des Dorfes

Den mit den rollenden Augen, den mein ich,
der eine Straße erschreckt
mit albernen Händen,
den Hut kaut,
in Hungerpfützen
die Zunge streckt.

Der ist es nämlich, den sie den Rattenfänger
des Dorfes nennen,
dahinter der Kinderschwarm,
die Zipfelmützen als Herbstflammen ziehn.

Nur fehlt ihm die Schlauheit,
den Berg zu finden,
das Tor,
um einzugehn, zu verschwinden.

Sie nämlich strecken die Zungen,
sie spucken ihm Speichel ans Knie,
sie tippen die Hand an die Stirn.

Die Rache sollte er können.

Um den vereinbarten Lohn betrogen, habe der Pfei-
fer, der Hameln von der Rattenplage befreite, hun-
dertdreißig Kinder aus der Stadt gelockt und ent-
führt. Aus Rache.

So die Sage. Verbürgt ist, daß Hameln als eine der
ersten mittelalterlichen Städte der Ratten Herr
wurde, und daß der Bischof von Olmütz Hamelner
Burschen und Mädchen zur Besiedelung Mährens
anwarb.

Die Sage bürgt für mehr. Sie bürgt für das Wunder,
das sie fügt aus der Welt, wie jeder sie findet, und im
Wunder vermindert sie die Last auf den Schultern
derer, die an der Welt tragen.

Die Sage vom Rattenfänger stellt Gerechtigkeit
her, indem sie für Genugtuung im Betrogenen und für
ewigen Schauder in den Seelen der Betrüger sorgt.

Dem Idioten, dem sich die Kindermeute an die
Fersen heftet, so daß die Dorfbewohner ihn den
Rattenfänger nennen, steht kein Wunder zu Gebote.
Nicht nur, weil er es nicht »kann«, da er ein Idiot ist.
Das Wunder ist aus der Zeit.

Die ausgestreckte Zunge, den getippten Vogel, den Speichel am Knie wird kein Wunder rächen.

Und kein Wunder wird die Unbarmherzigkeit der Alten rächen, die die Meute der Jungen nicht ein für allemal zurückpfeifen.

Auch das Gedicht kann sich für kein Wunder mehr verbürgen. Was aus der Zeit ist, ist auch aus dem Gedicht.

Aber es selbst ist noch in der Zeit.

Hohn, eine Meckertrompete,
lassen sie schallen
in den Wirtshauswänden;
wär ich kein Mann,
wirbelte sie mich hin
wie ein Wetter,
daß ich betrunken lief um
ohne Wein.

Aber treppab
in die Nacht, wo sie verklingt, geh ich,
meine Verse laß ich wie Sonnenschlangen
aus dem Mund, daß ich plötzlich beschützt bin.

Und das Gedicht beschützt nicht nur den Dichter, denn es trägt der Welt, wie sie ist, ein Bild an.

Dem Dorf mit dem Idioten das Bild des Dorfs mit dem Idioten. Es selbst, das Gedicht, ist die Rache.

4. Mai

Christine L., Altenstadt, hat behinderte Kinder gefilmt, während sie sich zu Gedichten äußern. Auf die
Frage, was ein Gemüt sei, antwortet ein etwa zehnjähriger Junge, Gemüt sei etwas großes Rundes, in
dem das Gedicht, das Nachdenken und das Liebe
und Böse wohnen. – Als Belohnung für ihre Antwor-
ten dürfen die Kinder Christine L. umarmen.

6. Mai

Deutschlandfunk, 5. Mai: »Wolfgang Hegewald...
stritt vehement gegen etwas, das er Betroffenheitsli-
teratur nannte, das seinen Wert schon dadurch gewinnen wollte, daß es von der Sache her an die Nie-
ren gehe: Betroffenheit erzeuge auch das Strafge-
setzbuch der DDR, Literatur aber sei es deswegen
noch keineswegs...

Andere Autoren, wie etwa Reiner Kunze..., vertreten genau die entgegengesetzte Auffassung. Ar-
gumentationen, die nach der ästhetischen Qualität
der Werke der übergesiedelten Autoren fragen, erscheinen ihnen als unangemessen.«

Die Autorin dieser Sendung zitierte in anderem
Zusammenhang mein Buch »Das weiße Gedicht«,
woraus ich schließe, daß sie es kennt. In ihm aber
heißt es: »Ideologen jeder Couleur pflegen dem
Wort ›ästhetisch‹ ein pejoratives ›nur‹ voranzuset-
zen, sobald ein Kunsturteil ästhetische Kriterien
über ideologische stellt. Der Begriff ›nur-ästhetisch‹
ist eine Denunziation des Ästhetischen, denn *es sind*

die ästhetischen Qualitäten, die ein Kunstwerk zum Kunstwerk machen, und die ästhetischen Kriterien sind die ihm einzig gemäßen; nur mit ihnen läßt es sich in seinem Wesen erfassen.«

Die Konsequenzen aus dieser Auffassung bestimmen seit dreißig Jahren mein Leben.

10. Mai

Buchmesse Leipzig. Meine Übersetzungen gelesen, die aus der 1987 bei Reclam Leipzig erschienenen Anthologie »Die Sonnenuhr«, tschechische Lyrik aus elf Jahrhunderten, ausgesondert worden waren, da der Name des Übersetzers nicht hatte erscheinen dürfen (das Titelgedicht wurde in Neuübersetzung aufgenommen).

Karel Toman (1877–1946)
Die Sonnenuhr

Haus in trümmern. Aus löchern bricht
das parasitenpack und flicht
vergessen ums gebälk, das moos zerfrißt.

Im hofe nesseln, reifend
vogelkorn. Im brunnen schlamm,
zu dem's die ratten zieht.

Der apfelbaum, den blitz im stamm,
vergaß, ob er geblüht.

An klaren tagen stürzen pfeifend
die finken ins geröll. Im sonnenlicht
lebt auf der uhrenbogen an der vorderfront,

und drüber hin tanzt, wie der stab sich sonnt,
der schattenstrich der zeit
und rezitiert den himmeln stumm:
Sine sole nihil sum.

Weil alles maske ist.

Vladimír Holan (1905–1980)
Das erste Gedicht schrieb Holan in der Nacht vom
21. 6. 1963, nachdem er fünfzehn Jahre nach der
kommunistischen Machtübernahme erstmals wieder hatte öffentlich lesen dürfen.

Die wand

Warum so schwer dein flug,
warum so verspätet?
– Weil ich fünfzehn jahre ertrug,
gegen die wand geredet,

und aus meiner hölle
ich die wand nun trage,
damit vor eurer schwelle
sie alles sage . . .

Ständig

Nicht, daß ich nicht leben möchte, doch das leben
ist schon so verlogen,
daß ich, hätte ich auch recht,
im tod die wahrheit suchen müßte . . .

Aber das tue ich ja . . .

89

Oktober

Die luft ist so durchsichtig, daß sie jede ähnlichkeit
ausschließt . . . Auch der doppelgänger lehnt es ab,
mit dem trugbild zu bezeugen, daß wir leben . . .
Die unsichtbarkeit steigert sich zu solcher raserei,
daß wir einfach die augen schließen . . .
Guter wein ist sich selbst genug . . . Kunst auch.

Lächeln

Vielerart lächeln gibt's.
Aber ich denke an das für uns schwerste,
das einfachste lächeln.
Ein qualvolles lächeln ist's, kreuz und quer
gefurcht vom winzermesser der zeit,
ein lächeln, das nur noch eine einzige falte braucht,
um alles zu lösen und vorbereitet zu sein auf den
                                    ganzen namen gottes.
So ein lächeln weilt dann auf dem antlitz
ein wenig länger als die freude, der es entsprang –
oder ein lächeln ist's, das die freude ahnt und ihr
                                    vorauseilt,
um in ihrer gegenwart sich zu verlieren
und das ganze antlitz ihr allein zu überlassen.

Die föhre

Wie ist sie schön, die alte weimutskiefer
auf den hügeln deiner kindheit, die du heute wieder
                                    besuchtest . . .
Unter ihrem rauschen gedenkst du deiner toten
und grübelst, wann du wirst an der reihe sein.

Unter ihrem rauschen ist dir, als habest du das letzte
buch zu ende geschrieben
und solltest jetzt schweigen und weinen, damit das
wort wachse . . .

Was war dein leben? Bekanntes gabst du hin für
unbekanntes . . .
Und dein schicksal? Es lachte dich nur ein mal an,
und du warst nicht dabei . . .

11. Mai

Andrzej Szczypiorski in Leipzig: »Wir müssen jetzt
erkennen, daß ein polnischer Bauer nicht unter der
Zensur litt, weil er gar nicht wußte, daß es sie gab. Er
hat andere Interessen. Die Interessen, in denen wir
alle uns als verschworene Gemeinschaft verbunden
glaubten, gibt es nicht.«
Der Bauer mag nichts von der Zensur gewußt haben, die den Schriftsteller betraf, aber daß auch er,
der Bauer, seine Meinung nicht hatte frei äußern
dürfen, wird ihm bewußt gewesen sein, und wenn er
keinen Reisepaß gebraucht hatte, was ich bezweifle,
denn auch Bauern haben Verwandte im Ausland,
wird er zumindest gewußt haben, daß man nicht reisen konnte, wohin man wollte, wenn man gewollt
hätte, und an der Unmöglichkeit, etwas zu tun, leidet
der Mensch auch dann, wenn er von der Möglichkeit
keinen Gebrauch zu machen wünscht.
Was es zu erkennen gilt, ist, daß bestimmte ge-
meinsame Interessen gegenstandslos geworden sind.

12. Mai

Die realisierbare Möglichkeit als die eigentliche Ingredienz der Freiheit . . .

13. Mai

Die Musikkritiken Karl Schumanns, in die DDR eingeschleust durch die Münchner Augenärztin Annamarie Döderlein, gingen von Freundeshand zu Freundeshand. Die Strenge der Urteile war wohlwollend, die Weltsicht heiter-gelassen, und in der Metaphorik wurde der Himmel der Musik eins mit dem Himmel der Poesie.

In der Pause des Galakonzerts zur Eröffnung des Münchner Großflughafens im Erdinger Moos las Karl Schumann im Bayerischen Rundfunk ein Feuilleton, das an diesem Doppelfirmament hinzog. Die leichte Brüchigkeit in seiner Stimme vermochte uns nicht zu irritieren. Wir wußten: Die Stimme trägt. Der Geist hob ab mit Eleganz.

Nur Singen sei schöner als das Fliegen, sagte Karl Schumann, und wir überließen uns dem Schub seiner intellektuellen Triebwerke. »Heinrich Heine«, sagte er, »prägte das hochpoetische Wort von der Fortbewegung auf den Flügeln des Gesanges . . . Als Startbahn diente die poetische Freiheit . . . Das Fliegen und die Musik bedürfen einer Grundvoraussetzung: der Luft . . . Der erste und vielleicht einzige musizierende Passagier des Zeppelin-Luftschiffs ist Anno 1934 der Pianist Wilhelm Kempff gewesen. In der fliegenden Zigarre, die heute wie ein fernes Idyll anmutet, unternahm er seine erste Reise nach Südamerika, kehrte wohlbehalten zurück und wurde fünfundneunzig Jahre alt ... Über den, der als erster Musiker ein eigenes Flugzeug steuerte, hat man sich weidlich den Mund zerrissen: Herbert von Karajan. Nicht daß man ihm das flotte Verkehrsmittel nicht gegönnt hätte, aber es schien unschicklich, daß ein Kunstpriester sich mit der modernen Technik einließ, wenngleich man ihm ... zubilligte, in höheren Sphären zu schweben ... Es wäre unbillig, die Verluste zu verschweigen, die Musiker, die bei Flugzeugabstürzen ums Leben kamen. Gerechterweise sei betont, daß diese traurigen Vorkommnisse vierzig Jahre zurückliegen, also noch in die Steinzeit der Zivilluftfahrt fallen ... Dem Überhandnehmen fliegender Wesen auf dem Theater stand und steht die Bühnentechnik im Wege ... Es spricht für den Ehrgeiz des jungen Richard Wagner, das vermaledeite Fliegen bereits im Titel einer romantischen Oper zu feiern. ›Der fliegende Holländer‹ fliegt zwar nicht, er meint es metaphorisch ... Richard Wagner mißtraute der Technik, ... aber daß sich zu Anfang des dritten Aufzugs der ›Walküre‹ Wotans Töchter hoch zu Streitroß in den Lüften tummeln, das verrät denn doch die heimliche Sehnsucht, die Schwerkraft zu überlisten ... Das Fliegen wie das Singen beruhen darauf, sich der Luft auf rechte Weise zu bedienen. Zwei Möglichkeiten, das Lebensgefühl zu steigern, treffen zusammen.«

Als ich tags darauf in München Karl Schumann zu dieser weichen Landung gratulierte, sagte er: »Kennen Sie den Clou der Sendung? Ich bin noch nie im

Leben geflogen, und ich bin auch nicht begierig zu erfahren, wie das ist.«

So klaffen Leben und Werk mitunter auseinander, und man merkt es nur dem Leben an.

*

M. B. beklagte, am Theater zähle nur noch das Extrem. Nur das Außergewöhnliche werde noch zur Kenntnis genommen, im Negativen wie im Positiven. – In anderem Zusammenhang: Ein Zeitgenosse habe gesagt, wenn er schon keinen Sinn mehr im Leben sehen könne, wolle er ihm wenigstens eine Form geben.

15. Mai

Werner Heiduczek hat eine dreißig Jahre alte Publikation über den »Bitterfelder Weg« wiederentdeckt, auf deren Umschlag auch Reiner Kunze mit einem Hammer abgebildet ist, was ihm, Heiduczek, beweise, daß damals eben alle dem Ruf der Partei gefolgt seien, sich in Volkseigenen Betrieben und Landwirtschaftlichen Produktionsgenossenschaften zu sozialistischen Werken inspirieren zu lassen.

Nachdem ich die Universitätslaufbahn abgebrochen hatte, arbeitete ich im VEB Verlade- und Transportanlagenbau Leipzig, um meinen Lebensunterhalt zu verdienen. Eines Tages hatte uns jemand für das »Brigadetagebuch« fotografiert.

Das Foto dokumentiert das Gegenteil dessen, wovon es auf dem Buchumschlag zeugen soll.

16. Mai

Die Übersetzerin Rose-Marie François brachte ein Bändchen kurzer Prosa aus eigener Feder mit. Eine der großen Trauern meines Lebens ist, daß ich nicht Französisch spreche (wobei mein Leben, was fremde Sprachen betrifft, voller großer Trauern ist), und E.s Französisch vermag nur partiell zu trösten. Immerhin vermochte sie sich den Texten soweit zu nähern, daß sich uns eine Ahnung von der Poesie mitteilte, die uns erwartete, wären wir sprachlich besser gerüstet (ein Bild: auf ihren Spaziergängen mit der Mutter habe die Autorin *das schwarze Herz der Kornblumen schlagen hören*).

Auch Rose-Marie François hebt, wenn sie Gedichte übersetzt, Vokale, Konsonanten und Reime zuweilen durch farbiges Unterstreichen hervor, und beide verwenden wir für bestimmte Vokale dieselbe Farbe – zum Beispiel für »o« Braun.

17. Mai

An die Verfasserin einer germanistischen Hausarbeit für die erste Staatsprüfung: »In Ihrer Arbeit heißt es: ›Jedem dieser Gedichte gelingt es, nicht nur die Intensität der subjektiven Beziehung zwischen bestimmten Menschen einzufangen, die allein diesen Menschen etwas sagt, sondern immer auch ist der/die Leser/in mit hereingenommen, geht ihm/ihr für sein – nun auch wieder ganz persönlich – Leben etwas auf. Zu dem, der hinhört, nimmt das Gedicht die Beziehung auf, denn der/die Leser/in – ob bekannt oder

unbekannt – ist für Reiner Kunze Dialogpartner/in,
auf den/die hin er sich mitteilen möchte.‹

Gern würde ich dort, wo man im Deutschen ›er‹
sagt, obwohl beide Geschlechter gemeint sind, ›sie‹
sagen. Diese Ehrerbietung . . . käme meinem Emp-
finden sehr entgegen. Aber die Sprache ist etwas
Gewachsenes, und so sage ich ›er‹ und denke mir,
gemeint ist der Mensch. Unter dem Leser verstehe
ich den Menschen, der liest.

Könnten Sie, so gesehen, der deutschen Sprache
verzeihen? Sie unlesbar zu machen, hat sie nicht
verdient . . .«

18. Mai
Jürgen Serke in der »Geistigen Welt«: ». . . Auf dem
Friedhof neben der Kirche in Rippicha, das zu Droßdorf gehört, ist der Pfarrer Brüsewitz begraben . . .:
Brüsewitz, ein gelernter Schuster, der sich im Jahre
1976 im benachbarten Zeitz verbrannte . . . Die fünf-
unddreißigjährige Deutsch-Lehrerin Regina Riedel,
seit zwölf Jahren im Dienst, seit zehn Jahren in Droßdorf, war einmal zuständig für Staatsbürgerkunde.
›Aber nur am Anfang‹ . . . In der SED sei sie nicht
gewesen . . . Später erklärte sie mir, daß sie sich dem
Realismus von Balzac und Hugo verpflichtet fühle.
Dissidenten wie Sarah Kirsch . . . kämen in ihrem
Unterricht nicht vor. ›Dissidenten sind für die Eltern
der Schüler nicht von Belang. Für sie ist entschei-
dend, daß die Kinder Mathematik, Physik und
Rechtschreibung lernen.‹ . . . Rainhilde Beret . . .

kennt sich in Droßdorf aus. Nach der Wende wurde
sie Bürgermeisterin im Ort, jetzt ist sie Sozialdezer-
nentin im benachbarten Zeitz... ›Hat Ihnen Frau
Riedel wirklich erzählt, sie sei nie in der SED gewesen?‹ fragt mich Frau Beret, der ich von meinem
Schulbesuch in Droßdorf berichtete. ›Frau Riedel
war nicht nur in der SED, sie war auch die Parteise-
kretärin an der Schule.‹ – ›Mit Christus kam die
Wahrheit in die Welt‹, heißt es bei Sören Kierke-
gaard. Kann sein, daß sie in Droßdorf mit Oskar
Brüsewitz die Welt wieder verlassen hat.«

19. Mai

Niemand ist dagegen gefeit, im Namen von Idealen
verführt zu werden. Und alle tun wir irgendwann
Unrecht. Schwer entschuldbar sind einzig die Lüge
von heute und der Wunsch, daß jene Verhältnisse
wiederkehren, die so viele Menschen haben schuldig
werden lassen.

23. Mai

Eginhard Röhlig, Leipzig: »Das Risiko der seelischen Begegnung trage allein der Dichter, der sich
öffne gegenüber ›Unbekannt‹... Daß der Unbe-
kannte in der Anonymität verbleibt: ist dies nicht
auch eine Art von ›Überlebensakt‹ der sich selbstlos
erschaffenden Kunst? Da ich Leserseite vertrete,
darf ich mich engagieren für ›Unbekannt‹: indem er
freiwillig zum Buch greift, liest und eintaucht, öffnet

er sich auf seine Weise und mit eigenem Risiko, denn er sucht ja den Dichter (gemeint: sein Erleben), und findet er ihn dort, wo die ›inneren Entfernungen bis zur Schutzlosigkeit verringert‹ sind, trägt die Sympathie oder Antipathie (sie ist denkbar) zu meist schmerzlichen Wahrheiten... Und mit dem Gedicht kann man nur imaginär dialogisieren..., dem Dichter so nahe, so fern... Risiken, aneinander vorbeizuleben, Begegnung nicht zu erfahren, existieren beiderseits, und einem Gedicht nicht nahezukommen, obwohl man es sehnlich wünscht, ist ein trauriges Erlebnis, denn da ist Öffnung und keine Erfüllung. Das ist nicht Schuld des Gedichts, doch auch nicht des Lesers – es stoßen zwei Leben zusammen, dies die Schwierigkeit... – In der glänzenden Laudatio von Wolfgang Frühwald lesend, unterstreiche ich mir den Vergleich der Gedichte mit der Art des Moment musical... Nur in seiner Behauptung, daß Musik eher als das Wort die Fremdheit überwinde, folge ich Frühwald nicht, denn Musik ist nicht gleich Musik, Wort nicht gleich Wort, und da es ums heutige Gedicht geht, muß man auch an heutige Musik denken.«

24. Mai

Miroslav Holub
Knochen

Beiseite legen wir
    überflüssige knochen,
    rippen von reptilien,

raubtierkiefer,
den lendenknochen des sturmes,
den irrenden knochen des schicksals.

Für den wachsenden kopf
des menschen
suchen wir
ein rückgrat, das
gerade
bleiben möge.

Ein Gedicht, an dem sich Ungezählte aufrichteten,
während der Autor widerrief. Doch das Gedicht wird
bleiben, und in ihm der Dichter in seinem besten
Wollen.

Miroslav Holub
Das ende der welt

Der vogel war schon ganz am ende des liedes,
und der baum zerging ihm unter den füßen.

Am himmel rollten sich die wolken ein,
und die finsternis strömte durch alle fugen
in das sinkende schiff der landschaft.

Nur in den telegrafendrähten morste
unablässig
die botschaft:

k – . – o – – – m – – m – –
e. s . . .
i . . s . . .t –
e. i . . n – .
j. – – – u . . – n – . g – – . e.

99

25. Mai

Ein Foto macht die Runde. Titel: Der Poet und der Politiker. Bildunterschrift: Heiner Müller raucht, Gregor Gysi lacht (»Leipziger Volkszeitung«, 14. Mai 1992). Das Foto zeigt beide bei einem gemeinsamen Auftritt während der Leipziger Buchmesse. Im Hintergrund des Podiums, ebenfalls lachend, ein ehemaliger Mitarbeiter des Staatssicherheitsdienstes, der nach seiner Enttarnung aus der neuen Leipziger Stadtregierung ausscheiden mußte. Thomas Rietzschel über diese Veranstaltung in der »Frankfurter Allgemeinen Zeitung«: »Heiner Müller, der Akademie-Präsident, ... las ein Gedicht ›für Gregor Gysi‹. Der Dramatiker spielte dem Politiker die Bälle zu.«

26. Mai

Antonín Bartušek
Diese paar jahre

Du willst nicht aufgeben.
Noch hoffst du.
Bewahrst die fingerabdrücke auf
aller katastrophen.
Sehnst dich, sie bei der tat zu ertappen.
Der schnee fällt doppelt.
Mit einemmal haben wir graues haar,
beide.

27. Mai
In der Post ein Schreiben des Büros für Urheber-
rechte der DDR, datiert 14.5.92, und es stockt
einem der Atem. Dann bemerkt man den Stempel-
aufdruck: *in Liquidation.* Man atmet weiter.

*

Durch eine Rundfunkreportage auf einen kleinen
deutschen Verein in Wilna aufmerksam geworden,
hatte E. einige Bücher auf den Weg gebracht. P. S.
des Antwortbriefs: »Verlaßt uns nicht...«

30. Mai
Karl Carstens gestorben. – Man mußte nicht seiner
Meinung sein, aber er legte Wert darauf, daß man das
Gefühl für Maß mit ihm teilte.

31. Mai
Otokar Březina (1868–1929): »Wem es gelang, uns
irgendeine neue Linie, irgendeine ungeahnte Per-
spektive von der Schönheit der Dinge und der Welt
zu zeigen, der ist unser Wohltäter... Uns scheint, er
war schon vor seiner Geburt einer der Unsrigen und
hat sich uns die ganze Ewigkeit hindurch genähert,
um uns in diesem Leben endlich zu finden und uns zu
sagen, was er zu sagen hat.«

2. Juni

Für das Jahr 2026 sagt die amerikanische Zeitschrift
»Science« eine Weltbevölkerung voraus, deren
Größe, träfe die Berechnung zu, nur noch in Elend
ausgedrückt werden könnte. Der nach dieser Berechnung für 1989 vorausgesagt gewesene fünfmil-
liardste Erdenbewohner sei bereits im Juli 1986 geboren worden.

Doch Dogma, Armut und Leben arbeiten zur Geburt.

5. Juni

Als die Urne mit der Asche meines Vaters zur Grab-
stelle getragen wurde, ging er neben mir, drückte mir
einen Geldschein in die Hand und sagte: »Gib das
den Musikern!« Ich gab ihn den Musikern, die in der
Januarkälte geblasen hatten, und sagte: »Das ist von
meinem Vater.« Die Trompeterin blickte zu den wenigen Trauergästen hinüber und fragte, wer denn
mein Vater sei, damit sie sich persönlich bedanken
könnten. Ich sagte, wir hätten ihn soeben begraben.
»Dann hat er das wohl so bestimmt?« Ja, sagte ich.
Und es war keine Lüge, auch wenn er mir das Geld
erst auf dem Weg in die Hand gedrückt hatte.
Heute wäre mein Vater fünfundachtzig Jahre alt geworden.

*

Horst Drescher über meine Eltern: »Dein Vater . . .
saß damals am Tische so müde, so beobachtend, die

Mutter war lebendig, ihre Augen, die wanderten immer, und sie war mit dem ganzen Körper so erzählerisch! Ich dachte damals, also . . . sie ist die Frohnatur. Und ich dachte: die Mutter wird hundert. Was mag der Vater durchgemacht haben . . . Kein Gericht kann das ahnden.«

6. Juni

Professor J., der den Nachlaß von Professor Walter Brednow und seiner Frau Hanna betreut, gab uns in Jena die Briefe zurück, die sie von uns erhalten hatten, und erzählte folgende Episode: Brednow hatte im ersten Weltkrieg Russisch gelernt, was ihm am Ende des zweiten Weltkriegs in seiner Tätigkeit als Arzt sehr zustatten kam. Die sowjetischen Besatzungsbehörden ließen ihn wissen, daß sie ihn mit einer Professur an der Universität Jena zu betrauen gedachten. Doch sie zögerten, ihn zu berufen, und beorderten ihn schließlich nach Berlin-Karlshorst, um ihm zu sagen, es sei viel einfacher für sie, ihm den Lehrstuhl anzuvertrauen, wenn er in die Partei einträte. Brednow lehnte ab. Auf die Frage des hohen sowjetischen Offiziers, was er von Walter Ulbricht halte, antwortete er: »Er ist kein guter Mensch.« Der Offizier unterdrückte eine Zornesaufwallung und sagte ihm die Professur zu.

*

In Jena zwei sechzehnjährige Geigerinnen gehört, die mitreißend Bartók-Duos spielten: Jana Kuss und Nadja Zwiener.

8. Juni

An einen jüngeren Kollegen: »Seien Sie versichert, daß ich..., obwohl ich über nahezu keine Beziehungen verfüge, das Meinige tue, um Literatur, die mich überzeugt, aus dem Schatten zu holen. Das aber kann Jahre dauern (bei Jan Skácel hat es dreißig Jahre gedauert). Außer dem Ergebnis, das dann meist in den Zeitungen steht, gibt es nichts, worüber ein Wort zu verlieren wäre. Wüßte der Betreffende von den Rückschlägen, wäre ihm wenig gedient. Und manchmal sind alle Bemühungen vergebens... Rezensionen zu schreiben, lehne ich vorerst noch aus Prinzip ab (betrifft auch Vor- und Nachworte), denn ich könnte nicht *jedem* Wunsch nachkommen, und des Gekränktseins wäre kein Ende.«

*

An M. R.-R.: »Nichts ist vergessen, nur: Ich komme zu nichts. Die äußere Einheit Deutschlands führt bei mir zu innerer Zerrissenheit. Ich werde mich zusammennähen.«

9. Juni

Brief aus Bonn: »Ich habe Porträtfotos von Ihnen beigefügt, die ich auf dem Flohmarkt gekauft habe. Es würde mich freuen, wenn Sie mir diese... auf der Bildseite original signieren.«

12. Juni

Wir hatten unsere Freundin Paula W., die uns des öfteren Blumen, Zeitungsausschnitte oder Bücher auf die ausgetretenen, unserer Füße meist vergebens harrenden Gartenschuhe vor der Haustür legt, zum Walderdbeerenpflücken eingeladen. An unserem Hang breiten sich die wilden Erdbeeren plantagenartig aus.

Doch noch ehe Paula eine Beere gepflückt hatte, beschenkte sie uns zwischen Tür und Angel mit einer Entdeckung. Sie habe, sagte sie, bei Paul Celan ein Gleichnis für das Nachdichten gefunden: den Gliedertausch. Die Verse hatte sie zur Hand:

... ein Weg
nach Rußland steigt dir ins Herz ...
der Name Ossip kommt auf dich zu, du erzählst
ihm,
was er schon weiß, er nimmt es, nimmt es dir ab,
mit Händen,
du löst ihm den Arm von der Schulter, den
rechten, den linken,
du heftest die deinen an ihre Stelle, mit Händen,
mit Fingern, mit Linien,

– was abriß, wächst wieder zusammen –
da hast du sie, da nimm sie dir, da hast du alle
beide,
den Namen, den Namen, die Hand, die Hand,
da nimm sie dir zum Unterpfand,
er nimmt auch das, und du hast
wieder, was dein ist, was sein war ...

Ich hatte diese Verse nie auf das Nachdichten bezogen. Aber lag diese Deutung nicht am »Weg«? Wenn je ein Dichter mit einem anderen eins geworden ist, indem er ihn übersetzte, ist es Paul Celan in seinen Übertragungen der Gedichte Ossip Mandelstams. Und:

... du löst ihm den Arm von der Schulter, den
                              rechten, den linken,
    du heftest die deinen an ihre Stelle
Meinen Vers für seinen Vers.
    ... was abriß, wächst wieder zusammen
Übersetzen heißt verwunden, um zusammenwachsen lassen zu können.
    ... und du hast
    wieder, was dein ist, was sein war
Das, was der Übersetzer an eigener poetischer Erfindung hingibt, verdankt er dem Original, das ihn inspirierte.

Celan variiere hier ein Kinderlied, sagte Paula, und das gehe so:

Scherenschleifen, Scherenschleifen,
    ist die rechte Kunst.
Die rechte Hand, die linke Hand,
    die geb ich dir als Unterpfand,
    da hast du sie, da nimm sie dir,
    da hast du alle beide.
Wer dies nicht kann,
    wer das nicht kann,
    das ist ein rechter Hampelmann!

Das bedeute – und Paula wollte das Dichten und Nachdichten ausdrücklich einbezogen wissen –: Wer

nicht recht geben und nehmen kann, tauge nichts im
Leben.

*

Als Paula mit gefülltem Becher zurückkehrte, berichtete sie, daß sie dort, wo unser Graskomposthau-
fen gewesen war, eine grünschwarze Schlange gesichtet habe. Sie habe zusammengerollt unter dem
Mulch gelegen.

Vermutlich eine Ringelnatter. Ringelnattern erreichen hier an der Donau eine beachtliche Länge,
wenn auch nicht die der Äskulapnatter, die bis zu
zwei Meter lang wird und gelegentlich von einem
Baum herabhängen kann, was auch eine Naturgän-
gerin wie Paula für einen Augenblick den Atem an-
halten läßt. Allerdings ist ihr das in ihrem langen
Leben erst wenige Male widerfahren. Die Äskulapnatter ist ungiftig. Außer im Donaugebiet soll es sie
in Deutschland nur noch an wenigen Plätzen geben,
so in Schlangenbad im Taunus oder im südlichen
Odenwald. Junge Äskulapnattern beehren unsere
Hangwiese, die wir, vorausgesetzt, der Hagel kommt
nicht über sie, erst im Juli oder August heuen. Leider
fliehen manche Schlangen nicht, sondern stellen sich
tot, indem sie mit erhobenem Kopf erstarren. Der
leichte Schlag, den dann das Sensenblatt vermerkt,
geht durch Mark und Bein.

Eine Nachbarin hat eine Äskulapnatter gefilmt,
während sie sich an der Kletterrose des Hauses häu-
tete, und unser ehemaliger Mietsherr erzählte, früher sei diese Natter als Hausschlange gehütet worden

– stets habe sie zu ihrem Bade einen Zuber mit saube-
rem Wasser vorgefunden. Fieberkranken habe man
die Schlange auf die Brust gelegt, damit sie das Fieber »ziehe«. Das Reptil habe die Wärme sichtlich
genossen und den Kranken gekühlt.

Anstelle einer Äskulapnatter hüten wir eine Blind-
schleiche, die unter der Putzkante an der Westseite
des Hauses wohnt, und bei Fieber bevorzugen wir
Aspirin.

13. Juni

Sensation für die Enkel: Die Mauereidechsen
säubern die Hauswand! Sie klettern bis unter das
Dach und züngeln die Vertiefungen im Riesel nach
Spinnen und Insekten ab.

Manchmal sonnt sich eine Mauereidechse in einem der Blumenkästen am Balkongeländer. Wenn
man längere Zeit reglos zuschaut, wie ihr Herz
schlägt, bemerkt man an sich selbst eine Art Mimi-
kry: Man atmet plötzlich ebenso gleichmäßig wie
das Tier.

*

Anfang der achtziger Jahre waren Jürgen Serke und
der »Stern«-Fotograf Wilfried Bauer bei uns zu Besuch, und eben an diesem Tag überquerten unzählige
Feuersalamander den »Jägersteig«, der oberhalb unseres Hauses beginnt und zuweilen hundert Meter
über der Donau das Steilufer entlangführt. Wir mußten auf unsere Schritte doppelt achtgeben. In der

Bildlegende des »Stern« hieß es dann allerdings: »Reiner Kunze hat einen Feuersalamander *entdeckt*.«

14. Juni

Briefe lesend, die man vor Jahren schrieb: Das Wort erweist sich oft als zu groß, weil die Empfindung zu groß war, und manchmal, weil es größer war als sie. Aber man hat nicht so viele Nächte, um jeden Brief überschlafen zu können.

15. Juni

Pfarrer Theodor Münzenberg: »Meine Tochter ist verheiratet mit einem Muslim. Sie selbst hat Theologie studiert und hat nun wegen ihrer Ehe keine Aussicht auf eine Anstellung als Pastorin. Ich habe gelernt, den Schwiegersohn zu akzeptieren, auch dann, wenn er im evangelischen Pfarrhaus seinen Teppich ausbreitet... Ganz und gar erfreut sind wir über unser farbiges Enkelkind...«

18. Juni

Ich gestehe, daß ich, als ich dem Bonner Taxichauffeur die Anschrift der Vertretung des Freistaates Sachsen nannte und hinzufügte, das sei die ehemalige Ständige Vertretung der DDR, Genugtuung empfand.

21. Juni

Ein befreundetes Schweizer Arztehepaar erzählte auf der Rückreise von einem Besuch in Südpolen, die Cousine sei bei der Beichte gefragt worden, ob sie Verhütungsmittel verwende. Sie trage eine Spirale, habe sie gesagt. Da habe ihr der Pater zu verstehen gegeben, daß er ihr keine Absolution erteilen könne.

23. Juni

An einen publizistisch tätigen Lehrer: »Sie schreiben: ›In der Deutschen Demokratischen Republik besaß die Literatur Anerkennung . . .‹ Welche Literatur bei wem? Bei einer Auseinandersetzung in Berlin Mitte der siebziger Jahre wurde mir gesagt: Wenn das, was Sie schreiben, Literatur ist, dann können wir zwanzig Jahre ohne Literatur leben, dann können wir auch vierzig Jahre ohne Literatur leben! – In Ihrem Artikel heißt es weiter: ›. . . und die Dichter waren wirtschaftlich und gesellschaftlich gesichert.‹ *Die* Dichter? Und was heißt *gesellschaftlich gesichert?* Schließlich schreiben Sie: ›Das hing damit zusammen, daß mit der Katastrophe des zweiten Weltkriegs die alten Werte zusammengebrochen waren und in den Menschen ein leerer Raum nach neuen Bildern verlangte.‹ Das galt – wenn es galt – für ganz Deutschland.«

26. Juni

An meine Verlegerin: ». . . vertrauensbrüchiges Zitat aus einem Brief unserer Tochter: ›Auf der Beerdigung. . . hat Frau Schoeller mit leiser, trotzdem bis ins hinterste Winkelchen vernehmbarer Stimme all die Peinlichkeiten. . . dieses Pfarrers weggeredet, mit kurzen, sehr treffenden einfühlsamen Sätzen. Dafür lieben wir sie alle.‹ Wenn auch von einem Friedhof, so erfahren wir, daß Du lebst. Dafür lieben wir unsere Tochter.«

*

Alexander Graf v. F.-C. zeigte uns Fotos aus Sumatra mit einzeln stehenden abgestorbenen Bäumen, Relikten eines vor mehr als siebzig Jahren gefällten Regenwaldes; unter ihnen nur Busch. Regenwald regeneriere nie mehr. In diesem Busch haben sie nun sechs Millionen Jelutong-Bäume gepflanzt, die in zwölf Jahren den Wuchs von Hundertzwanzigjährigen erreichen sollen. Um die Setzlinge zu den Pflanzstellen entlang primitiver Knüppeldämme zu transportieren, wurden schmale Schneisen in den Busch geschlagen und Hartholzschienen verlegt. So sei wenigstens partielle Aufforstung möglich.

*

Paulas Schwester A. begraben. In der Todesnacht hatte Paula der Schwester all jene Menschen in Erinnerung gerufen, die ihr lieb gewesen und vor ihr gestorben waren, und die nun bereits auf sie warteten. Darüber sei sie ruhig geworden.

27. Juni

Rundfunksendung zum 100. Geburtstag des Pianisten Mieczyslaw Horszowsky. Klaviermusik, die nebenbei zu hören unmöglich war. – Horszowsky hatte bis ins Greisenalter konzertiert. Mit über neunzig gefragt, was er, wenn er sein Leben noch einmal leben könnte, anders machen würde, antwortete er: Mehr Stunden am Klavier verbringen, dann würde er soviel mehr Musik kennen! – Einem seiner Schüler soll er gesagt haben, er möge bedenken, das sei eine Sonate für Klavier, nicht für den Pianisten.

28. Juni

Rechtsstreit Hermann Kant gegen 1. Fischer Taschenbuchverlag, 2. Reiner Kunze

Das Landgericht Hamburg hat dem Antrag des Klägers stattgegeben, den Beklagten zu untersagen, »Gerhard Henniger mit der Behauptung zu zitieren..., Hermann Kant sei... der Ansicht gewesen, es sei Zeit, Reiner Kunze aus der DDR auszuweisen...« Als Gründe für seine Entscheidung führt das Gericht u. a. an: »Die Behauptung... ist geeignet, den Kläger verächtlich zu machen und in der öffentlichen Meinung herabzuwürdigen (§ 186 StGB), unterstellt sie doch dem Kläger eine Geisteshaltung nicht nur der Intoleranz gegenüber Andersdenkenden, sondern auch der Mißachtung der persönlichen Lebensführung des Beklagten zu 2.), dem als Folge einer Ausweisung seine Lebensgrundlage in der DDR gänzlich entzogen worden wäre – wie später

Am Sonnenhang, Fensterblick

Erlau an der Donau (Niederbayern)
mit Burg Krämpelstein (Oberösterreich)

Der Hausbaum

Am Sonnenhang, Fensterblick am Abend

Oelsnitz/Erzgebirge, oberer Ortsteil

Niederoelsnitz (im Hintergrund die katholische Kirche)

Die Fenster mit dem »Licht der Welt«

Das Mietshaus, in dem wir in meiner Kindheit wohnten

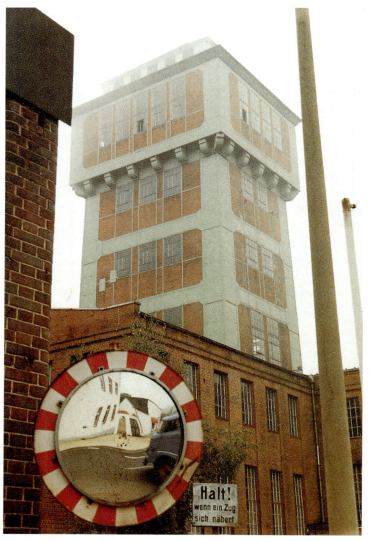

Förderturm des stillgelegten Karl-Liebknecht-Schachtes
(ehem. Kaiserin-Augusta-Schacht)

Grubenweg

Mit meiner Mutter
(um 1937)

Mein Vater vor Ort (um 1950)

Mein Großvater Richard Kunze

Als Kanonier mit seinen Pferden (1915)

auch geschehen.« Und weiter: »Unter diesen Umständen sind ... die Beklagten beweispflichtig dafür, daß die von ihnen verbreitete Äußerung – hier Auszüge aus dem Protokoll des Ministeriums für Staatssicherheit vom 13. Oktober 1976 – inhaltlich wahr ist. Nur unter diesen Umständen hätte die Protokollnotiz nämlich verbreitet werden dürfen ... Die Beklagten können sich dabei entgegen der von ihnen vertretenen Auffassung nicht mit Erfolg auf die Wahrnehmung berechtigter Interessen (§ 193 StGB) stützen, was eine Umkehr der Beweislast hätte zur Folge haben können.«

29. Juni

»Der Spiegel«: »Ist auf die Stasi, den einzig effizienten Betrieb der versunkenen DDR, kein Verlaß? Ein Urteil des Landgerichts Hamburg, soeben verkündet, muß den Verdacht nähren ... – Kant soll 1976, so die von Kunze zitierte Stasi-Akte, die Ansicht geäußert haben, es ›wäre an der Zeit, Kunze aus der DDR auszuweisen‹. So hatte es, laut Akte, der Schriftstellerverbands-Sekretär Gerhard Henniger kolportiert. Vor Gericht freilich hat Henniger dies nun energisch bestritten, und die Richter glaubten ihm.«

30. Juni

Gestern in W. Die Religionslehrerin verwahrte sich gegen das Gedicht »Meditieren«.

Meditieren

Was das sei, tochter?

Gegen morgen
noch am schreibtisch sitzen, am hosenbein
einen nachtfalter der
schläft

Und keiner weiß vom anderen

Meditieren bedeute, Zwiesprache zu halten mit Gott, sagte die Religionslehrerin. Einer der Umstehenden bemerkte, das Gedicht schließe nicht aus, daß der Meditierende Zwiesprache mit Gott halte.

Dann könne es nicht heißen, keiner wisse vom anderen, sagte die Religionslehrerin. Gott wisse immer von uns, und wer meditiere, wisse von Gott.

*

Beim Abendessen erzählte Gertrud Fussenegger, in Hall in Tirol hätten Klassenkameradinnen aus der Volksschule sie daran erinnert, daß sie schon als Kind Geschichten erzählt und ihnen, damit sie ihr zuhörten, die Schultasche getragen habe. Man muß wohl mit zehn bereit sein, anderen, damit sie einem zuhören, die Schultasche zu tragen, um mit achtzig Zuhörer zu haben, die einem gern die Schultasche tragen würden.

1. Juli

Nachdenken über Enkel-Fragen

1

Das Gedicht ist ein Gefäß, in das ich von meiner Trauer oder von meiner Freude geben kann. Es nimmt mir ab von meiner Trauer oder hilft mir, etwas von meiner Freude zu bewahren.

*

Indem ich meinen Schmerz oder meine Freude dem Gedicht anvertraue, teile ich sie mit anderen Menschen, nämlich mit denen, die das Gedicht lesen werden, und das Sprichwort sagt: Geteiltes Leid ist halbes Leid, geteilte Freude doppelte Freude.

*

Ein Gedicht ist immer etwas größer als die Trauer oder die Freude, die es haben entstehen lassen, so daß es auch etwas von der Traurigkeit oder der Freude des Lesers aufnehmen kann.

2

Wenn ich an einem Sommermorgen unter Bäumen sitze, und das Sonnenlicht fällt durch das Laub auf den Rasen, so daß er von Licht und Schatten gesprenkelt ist, muß ich an ein Gesicht mit Sommersprossen denken, und da mir solche Einfälle kommen, entstehen Gedichte. In einem Gedicht taucht ein Bild auf, dem man in seiner Phantasie noch nie begegnet ist: Der Morgen, der ein Gesicht voller Sommersprossen hat . . .

3

Meine Mutter hat gern gesungen, und so kannte ich
schon als kleiner Junge viele Volkslieder auswendig –
auch die sechs oder sieben Strophen von »Es waren
zwei Königskinder«. Ich kannte sie so genau, daß ich
meine Mutter einmal unterbrach, weil sie vom Text
abgewichen war. Sie wies mich zurecht und sagte, ich
hätte mich verhört. Heute denke ich mir, daß sie
verlegen war, weil sie die Texte umdichtete, so daß
sie von ihrem eigenen Leben handelten. »Kommt ein
Vogel geflogen« hatte sie für mich zu einem Kinderlied abgeändert: Der Brief, den der Vogel im Schnabel hält, war kein Gruß von der Liebsten, sondern
von der Mutter.

*

Manche Kinderlieder, die mir meine Mutter bei-
brachte, sind mir noch gegenwärtig.
    Suse, liebe Suse,
    was raschelt im Stroh?
    Das sind die lieben Gänschen,
    die haben kein' Schuh.
Das Rascheln im Stroh war mir unheimlich gewesen,
und hinter das Geheimnis, warum die Gänse Schuhe
brauchten, bin ich bis heute nicht gekommen.
    Im Krieg hatte ich mich eines Tages gefürchtet, das
Lied zu singen:
    Maikäfer, flieg,
    dein Vater ist im Krieg,
    deine Mutter ist in Pommerland,
    Pommerland ist abgebrannt . . .

Ich hatte plötzlich das Gefühl gehabt zu freveln. Mein Vater war im Krieg gewesen, und in unserer Stadt waren Bomben gefallen und Häuser abgebrannt.

3. Juli

Am 30. Mai 1968 wurde die Universitätskirche Leipzig – eine spätgotische Hallenkirche, Grundsteinlegung 1229 – trotz zehn Jahre währender beschwörender Einsprüche und letzter dringender Appelle gesprengt. Heimlich gemachte Fotos von dieser Sprengung, die jetzt in einem Dokumentenband erschienen sind, erbittern von neuem. Was muß sich in Kroatien und Bosnien-Herzegowina an Haß anstauen, wenn die Menschen sehen, wie ihre alten Bauwerke zusammengeschossen werden.

Und gesühnt werden wird später nichts, ja, der Ruf nach Sühne wird sich verbieten. Wie in Leipzig.

5. Juli

Musik als immerwährendes Asyl.

7. Juli

Botschaft der Tschechischen und Slowakischen Föderativen Republik. Neben dem Datum 3. 7. 92 wirkt das »und«, das die Slowaken zwischen sich und die Tschechen legten, bereits wie ein »Adieu!«.

*

Die Brünner Zeitschrift »opus musicum« zitierte unlängst aus Briefen der tschechischen Schriftstellerin Božena Němcová (1820–1862): »Viele machen sich hier lustig über mich wegen meines Slowakismus; sollen sie nur, ich denke, es wird mich nicht abschrekken. Es ist weder Selbstsucht noch Überspanntheit, sondern aufrichtige gegenseitige Liebe. Ich habe einen Slowaken kennengelernt... ›Was gehen die uns an, wir brauchen sie nicht, sie aber uns!‹ – sagen viele. Ach, das sind die stolzen Gedanken gewisser Herren, wir brauchen einer den anderen; gut also, daß wir einander kennenlernen, einer dem anderen liebenswürdig beistehen und auf ein gemeinsames Ziel hinarbeiten. Mit jener Hoffart verletzen wir sie in ihrem Selbstgefühl... 11. 12. 1857.« Und unter dem 20. 2. 1856 heißt es: »Es herrscht überhaupt so ein Mißtrauen zwischen Euch Slowaken und uns Tschechen, daß mir oft zum Weinen war... Wenn ich nur... jedem Slowaken, jedem Mährer und Böhmen... gegenseitige Liebe ins Herz pflanzen könnte.«

8. Juli
Der mährische Graphiker Emanuel R. erzählte, nach dem fast anderthalb Jahrzehnt währenden Verbot des Dichters Jan Skácel und der Mißachtung seines Werkes durch die offizielle Kritik bis in sein Todesjahr 1989 sei er der Mehrheit der jüngeren tschechischen Leser so unbekannt, daß ein Teil der Auflage des postum erschienenen Gedichtbandes

»Und von neuem die liebe« (1991) vorerst unver-
käuflich beim Verlag liege.

Flötenspieler

Er nimmt der stille die beichte ab Ein spiel ist's
als lese Aschenbrödel
im dunkeln tastend erbsen aus

Als helfe er ihr auf der flöte
Er preßt den zauberstab an die lippe
und zaubert aus der stille stille töne

Wie mairegen klingt's
wie aschenbrödelerbsenlesen

***

Schwer ist's
für den trost
ein münzwort zu finden
nicht abgewerteter währung

Leise ging er davon sich zu verbergen
hinter der stille
Der lärm der welt
ermüdete zu tode ihn

11. Juli

Arikada Moritake, 1473–1549 (Übersetzungs-
versuch):

Blütenblatt, kehrtest
wieder du an deinen zweig?
Schmetterlingsflügel!

*

Schönstes Haiku, das ich kenne (die Namen des
Dichters und des Übersetzers sind mir leider entfal-
len):

Windenblüte am
Brunnenseil, blühe, ich nehm'
des Nachbarn Wasser.

12. Juli

Joachim Gauck: »Schon der Weg des Volkes Israel in
die Freiheit des Gelobten Landes war begleitet von
der Angst um den Verlust der Dinge, die man in der
Sklaverei hatte.«

13. Juli

Zwischen zwei und drei Uhr morgens im Radio erstmals Richard Wagners Sinfonie C-dur gehört. Anzahl und Wucht der Schläge, mit denen sie einsetzt,
erwecken den Eindruck, Anliegen des Neunzehnjäh-
rigen sei es vor allem gewesen, Beethoven in die
Flucht zu schlagen. Dann kriecht ein riesiger Lind-

wurm durch das musikalische Gefilde, der noch nicht von Wagner stammt, und ein Heer Grillen, deren Zirpen sehr wohl als Urmonade wagnerscher Instrumentierung gelten könnte, eskortiert ihn mit Ausdauer . . . Die rhythmische Dreistigkeit des Finalsatzes wirkte kontrasedativ. (Wagner schrieb im Alter, das, was an dieser Sinfonie auf ihn verweise, sei einzig das Unberührtsein »von der . . . den Deutschen so unwiderstehlich gewordenen Duckmäuserei«.)

14. Juli
Für Marcel Reich-Ranickis »Frankfurter Anthologie«:

Sarah Kirsch
Eine Schlehe im Mund komme ich übers Feld

Eine Schlehe im Mund komme ich übers Feld
sie rollt auf der Zunge stößt Zähne an wenn ich geh
mein Kopf eine Schelle klappert und macht
einen traurigen Mund
      meiner mit einer Schlehe
deiner Sand schon und Kieselstein
ich drüber du drunter
Ebereschen blutrot samtrot liegts auf dem Weg
Drosseln freßt freßt
den Herbst lang euch vogelfett an
        2. 9. 66

Poesie

Ihr Kopf ist eine Schelle, die nur sie selbst hört, und sie schüttelt ihn. Über wen, worüber? Und warum macht sie einen traurigen Mund?

In ihm rollt auf der Zunge eine schwarzblaue Beere. *Sein* Mund dagegen ist

Sand schon und Kieselstein . . .

Wer ist *er*? Richtiger: Wer *war* er? Einer, dessen Mund schon Sand und Kieselstein ist, muß vor langer Zeit gestorben sein. Und warum entsinnt sie sich seines *Mundes*?

Kann sie seine Küsse nicht vergessen? Warum aber ist dann ihr Kopf mit der Schlehe im Mund eine Narrenschelle?

. . . ich drüber du drunter

Kein Zweifel – die Rede ist vom Geliebten. Aber der Ton ist eher triumphal, und so spricht man nicht von einem Toten. Der Geliebte ist nicht gestorben. Nur für sie ist er's. Ihre Liebe ist tot.

Sie schüttelt den Kopf über sich selbst. Sie war eine Närrin. Sie hatte geglaubt, ohne ihn werde das Leben nicht weitergehen, und auch er hatte wohl geglaubt, das Leben werde ohne ihn nicht weitergehen für sie. Er war wohl allzu sehr davon überzeugt gewesen, daß das Drüber ihm, das Drunter ihr zustehe. Bis es drunter und drüber gegangen war.

Nun geht sie drüber hin und redet sich ein, drüber hinweg zu sein – Sand sei sein Mund schon und Kieselstein. Doch sie ist eine Närrin und weiß, daß sie's ist: Ihr Kopf ist eine Schelle.

Ebereschen blutrot samtrot liegts auf dem Weg

Ihre Seele liegt bloß, und ihr graut vor der Zeit, die nun kommen wird. Ihr graut vor der Einsamkeit, vor der Kälte.

Drosseln freßt freßt
den Herbst lang euch Vogelfett an
Ihr bleibt nichts anderes, als auf der Zunge die Schlehe zu rollen. Als Schelle sorgt ihr Kopf dafür, daß sie ihn nicht verliert.

Die alte, uralte Geschichte vom Liebesleid – keine dürfte öfter erzählt worden sein als diese –, und Sarah Kirsch erzählt sie, wie sie noch nie erzählt worden sein dürfte. Einen Kirschkern hat jeder schon im Mund gehabt, im Kopf aber nicht den Einfall, dieser sei nun eine Schelle. Und der Einfall ist nur das eine. Das andere ist, nicht mehr zu brauchen als dieses eine einzige poetische Bild, um die ungezählte Male erzählte Geschichte vom Liebesleid unvergeßlich neu zu erzählen.

Und so zu erzählen, daß jeder eine etwas andere Geschichte erzählt bekommt – die, für die er geschaffen ist. Das Bild hält bereit, was jeder für seine Geschichte braucht. Das, was das eigene Gedicht der Dichterin erzählt, weiß vielleicht nur sie selbst. Falls nicht auch sie es erst zu einem Teil weiß.
Und das ist Poesie.

15. Juli
Ein Flüchtling aus Bosnien-Herzegowina sagte, die Eroberer hätten die Einwohner »getötet oder geschlachtet«. Gefragt, warum er zwischen »töten« und

»schlachten« unterscheide, antwortete er, die einen seien erschossen worden, den anderen habe man die Kehle durchgeschnitten, um sie ausbluten zu lassen. »Wie die Schafe«, sagte er.

17. Juli

Angesichts der zusammengebrochenen kommunistischen Regime schwillt mancher demokratischen Rede die Brust (in den USA sprach man bereits vom »Ende der Geschichte«). Die Genugtuung sollte niemand dazu verleiten anzunehmen, die Zukunft gehöre zwangsläufig den westlichen Demokratien. Auch das erwiesenermaßen Menschlichere war nie sicher vor den Menschen.

20. Juli

Carl Friedrich Goerdeler, hingerichtet am 2. Februar 1945, in einem für die Weltöffentlichkeit bestimmt gewesenen Aufruf: »Vertrauen beruht auf Achtung vor der Wahrheit und der Ehrfurcht vor dem Recht. Hitler hat beides, Wahrheit und Recht, gleicherweise verachtet. An die Stelle der Wahrheit setzte er die Propaganda und an die Stelle des Rechts die Gewalt. Propaganda und Gestapo waren die Mittel seiner Herrschaftsbehauptung. Für ihn gab es nur einen Wert: den Staat. Darum nannte und machte er ihn zum totalen Staat, der an die Stelle aller anderen Werte trat, alles ersetzte und alles zweckbestimmte. Der Staat stand außer und über Recht und Sittlichkeit. Der Einzelne und die Gemeinschaften mußten sich ihm völlig unterordnen. In der neuen Formulierung ›Recht ist, was dem Volke nützt‹ wurde der von allen Gutgesinnten verdammte Grundsatz ›Der Zweck heiligt die Mittel‹ auf das Panier geschrieben ... Der Mensch war nur Teil, Glied und Funktionsträger des Staates, er sollte zum kollektiven Menschen umgeprägt werden und sein Recht aufgeben, dem Staat als Person gegenüberzutreten. Dieser Anschauung des Staates entsprach die Einheitspartei; ihr zentraler Begriff war die autoritäre politische Willensbildung, die sich durch Propaganda und Gewalt durchsetzte.«

Das Maß an Übereinstimmung mit den Grundsätzen leninscher Herrschaftsbehauptung ist evident. Doch wäre Hitler getötet worden, wären auch Wahn und Regime getroffen gewesen, wogegen ein Attentat auf Stalin außer diesen gegebenenfalls einige seiner Begleiter getroffen hätte.

21. Juli

Im Rechtsstreit Kant gegen Fischer Taschenbuchverlag und andere hat der Verlag beschlossen, in die Berufung zu gehen. Zur Prozeßeröffnung am 13. Dezember 1991 hatte es in der »Frankfurter Rundschau« geheißen: »Der Prozeß gegen den S. Fischer Verlag ... besitzt exemplarischen Charakter, weil zum ersten Mal ... die Wahrheitsfähigkeit der Stasi-Akten verhandelt wird ... Daß die Opfer des staatssozialistischen Psychoterrors den Wahrheitsbeweis dafür antreten sollen, daß das, was die Stasi-Mitarbeiter über systemtragendes Personal zu Protokoll gaben, auch stimmt, berührt das Rechtsgefühl zutiefst und müßte als Optimierung des Täterschutzes empfunden werden. Es hilft nichts, wenn der Zugang zu den Akten *ge*währt, aber ihre Zitierung *ver*wehrt ist.«

*

»Hoffnung ist eben nicht Optimismus«, schreibt Václav Havel. »Es ist nicht die Überzeugung, daß etwas gut ausgeht, sondern die Gewißheit, daß etwas Sinn hat – ohne Rücksicht darauf, wie es ausgeht.«

24. Juli

Vor zehn Jahren (nicht auf den Tag genau) sind wir in unser Haus »Am Sonnenhang 19« eingezogen – nach einer Bauzeit von zehn Monaten. Das Grundstück war uns eines Abends zum Kauf angeboten worden, und wir hatten uns über Nacht entschließen müssen, einen Kredit von mehreren hunderttausend Mark aufzunehmen – für uns, die wir uns nie im Leben verschuldet hatten, etwas nahezu Unvorstellbares. Es bedurfte der Erkenntnis, daß Grund und Haus einen Gegenwert darstellten, mit denen die Verbindlichkeiten gegenüber der Bank jederzeit abgegolten werden konnten, und daß ein Hanggrundstück, das an ein bewaldetes Naturschutzgebiet grenzt und den Blick über einige Kilometer Donauschleife freigibt, an Wert gewinnen würde – wie möglicherweise auch das Haus. So zu denken, hatten wir nicht gelernt.

Das Haus steht am Ende einer Reihe von Spitzgiebelhäusern, die nach Westen ausgerichtet sind, so daß man von Süden auf die Dachschrägen blickt. Wir hatten uns auf ein kupfergedecktes Flachdach festgelegt, und um uns dennoch in die Dachlandschaft einzufügen, schlugen wir vor, über dem Balkon – leicht nach rechts versetzte Fassadenmitte – die Dachkante zu unterbrechen und einige Meter tiefer verlaufen zu lassen, so daß ein Stück nach Süden abfallender Dachfläche entstand. Ein Vogel im Augenblick des Aufsetzens oder Abhebens hatte uns dabei nicht vor Augen gestanden. Wir leben aber gern mit dieser Assoziation. Das Wohnen hier war bisher ein einziges Aufsetzen und Abheben.

Das Haus besteht nur aus Erdgeschoß und niedrigem Dachboden, wirkt aber weniger bescheiden, da das Kellergeschoß, das wir um des Blickes willen auf die Donau Ziegelreihe um Ziegelreihe erhöhen ließen, nach Süden über der Erde liegt. In der Garage im Vorderteil des Hauses könnten die Autos übereinander parken.

Unsere Vorgaben für innen lauteten: klare Linien, Licht, Luft zum Atmen ... Und: befriedigende Akustik für die Musik, viel Wandfläche für Graphiken. Wir waren bereit, uns mit weniger Zimmern zu begnügen und auf Stauraum unter dem Dach zu verzichten, wenn dafür ein, zwei Räume größer und höher sein würden. Zur Enttäuschung unseres niederbayerischen Architekten baten wir um große, nicht unterteilte Fenster. Der Illusion, durch Übergröße des Bibliothekszimmers der Bücher Herr werden zu können, sind wir nicht erlegen. In einem Akt der Selbstüberwindung überantworten wir von Zeit zu Zeit eine Anzahl Bände der Staatlichen Bibliothek Passau, die wir als unser Außendepot betrachten.

26. Juli

Spätabends das Foto einer Steinigung in Pakistan gesehen. Das Opfer lag neben einem seitlich hochkant stehenden Bettgestell im aufgewirbelten Staub ... Was mich lange nicht einschlafen ließ, war das Lachen auf den Gesichtern der steinigenden Männer, war ihre frenetische Freude.

27. Juli

Kimiko M., Tokio, am Abend im schattigen Gastgarten der Passauer Heilig-Geist-Stiftsschänke: Was sie in Japan von Europa vermisse, seien die lange hellen kühlenden Sommerabende.

3. August

Mein Personengedächtnis ist kränkend. Vorgestern abend in Plauen: Pfarrer C. und Frau, denen wir uns verbunden fühlen, nicht wiedererkannt. Mildernder Umstand: Wir hatten einander zwanzig Jahre nicht gesehen. – Gestern nach einer Matinee auf Burg Falkenberg: Reinhard B. nicht wiedererkannt. Mildernde Umstände: keine. Im Dezember war ich ihm im Leipziger Gewandhaus begegnet. Als er sich gestern vorgestellt hatte, wußte ich sofort, daß er damals noch nachts hatte mit dem Zug nach Bayern zurückfahren müssen, und daß er eigens wegen jenes Abends nach Leipzig gekommen war. Auch weiß ich, daß er uns einmal, als wir nicht zu Hause waren, eine Flasche Löwenzahnwein unter den Fußabstreifer gelegt hatte, und ich erkenne eine Postkarte von ihm an der Schrift. Ich habe von ihm ein »inneres« Bild. Doch der Mensch schließt von Erkanntwerden auf das Gekanntsein.

Der Bekannte, den ich gestern abend in Eger nicht hätte wiedererkennen können, hatte sich wegen einer Zahnextraktion entschuldigen lassen.

5. *August*

In Václav Havels »Sommermeditationen« gelesen: »Ich lehne es ab..., mich selbst der Rechten oder Linken zuzuordnen; ich stehe außerhalb dieser politisch-ideologischen Fronten und bin von ihnen unabhängig; ich hüte meine Freiheit so sehr, damit ich ohne Schwierigkeiten über alles immer die Ansicht haben kann, die ich mir selbst erarbeite, und dabei nicht von meiner eigenen vorhergehenden Selbsteinordnung gebunden bin. Ich kann mir vorstellen, daß eine meiner Ansichten links, eine andere... rechts erscheinen mag, ich kann mir sogar vorstellen, daß ein und dieselbe Ansicht dem einen links und dem anderen rechts erscheint – und es ist mir, um die Wahrheit zu sagen, völlig gleichgültig.« Und an ande-

129

rer Stelle: »Ob ich Erfolg haben werde, weiß ich . . . nicht. Ich weiß aber, wie ich sicherlich keinen Erfolg haben werde: indem ich Mittel wähle, die den Zielen widersprechen. Das ist nämlich, so lehrt die Geschichte, der direkte Weg zur Aufhebung der Ziele selbst, die eigentlich erreicht werden sollen. Oder: Anstand, Verstand, Verantwortung, Aufrichtigkeit, Kultur und Toleranz kann man – soll dies wenigstens eine kleine Chance auf Erfolg haben – nur auf eine einzige Weise durchsetzen: anständig, vernünftig, verantwortlich, aufrichtig, kultiviert und tolerant.«

6. August

Bruntál, Nordmähren, 27.7.: ». . . täglich erleben wir igendwelche Veränderungen, die uns in Atem halten . . . Wir kennen die Heißblütigkeit und auch die ausgesprochene Warmherzigkeit der Slowaken, aber das, was jetzt geschieht, macht uns betroffen . . . Unsagbar traurig sind wir über den Rücktritt unseres Präsidenten Havel . . . Sollte es zu einer rückwärtsgewandten Entwicklung kommen, sind wir bereit, auf die Straße zu gehen (wie wir beide und unser Sohn es auch im November 89 getan haben). Drückt die Daumen, daß sich das Bessere behauptet und sich vor allem Menschen durchsetzen wie Präsident Havel.«

7. August

Am Sonnenhang. In dem schmalen Waldstreifen, der mit dem Baugrund in unseren Besitz übergegangen ist, hatten Anwohner über viele Jahre Sperrmüll vergraben. Ihn mit Hacke und Schaufel freizulegen und hangauf zur Fahrstraße zu tragen, dauerte Wochen. Dann fällte ich eine Anzahl Bäume, um andere freizustellen. Ein Waldarbeiter im vogtländischen Kottenheide hatte mir einmal gesagt, daß er, wolle er wissen, was er von einem Kerl zu halten habe, einen Stamm mit ihm rücke. Er sähe dann schon, wohin der andere laufe – zum schwächeren oder zum stärkeren Ende. Dieser Frage war ich enthoben, denn ich mußte das schwache wie das starke Ende selbst heben. Da der Hang auf dreißig, vierzig Meter so steil ist, daß ich ihn mit Last nur schräg auf den Schuhkanten überwinden konnte, opferte ich beide Menisken.

Eine Hangspitze des Baugrundes forsteten wir auf: Fichte, Lärche, Buche, Birke, Ahorn. Um einen waagrecht planierten Flecken plazierten wir als Schattenspender drei Linden.

Unser Freund A. brachte uns einen selbstgezogenen Mammutbaumsetzling. In der Donausenke bei Linz soll es zu Urzeiten riesige Mammutbaumwälder gegeben haben. Die ersten fünf, sechs Winter hüllte ich den Baum mit Reisig ein und überdachte ihn, da er keine Vegetationspause kennt. Er könnte überdauern. Die ältesten Mammutbäume sind drei- bis viertausend Jahre alt.

Den Gast und uns selbst, wenn wir nach Hause kommen, begrüßt eine Eberesche. Kein Baum wird im Erzgebirge, wo ich geboren bin, so besungen wie sie. Aber sie ist auch ein Baum Mährens, wo E. ihre Kindheit verlebte (jene Art Eberesche, deren Früchte genießbar sind, heißt bekanntlich »mährische«). Ein Nostalgiebaum? Wir hätten ihn nicht zum Hausbaum erkoren, wäre er nicht auch ein Baum Niederbayerns. Er steht für dreimal Heimat.

8. August

Superintendent S. äußerte sich abschätzig über die Kirchenmusik Mozarts. Diesen *in den Himmel zu heben,* heiße Bach zu verkennen. – In den Himmel gehoben gehören beide, denn keiner hat den Himmel so in Musik gesetzt wie Bach, und in Mozart setzte sich der Himmel selbst in Musik. Man höre von Bach den Orgelchoral »Allein Gott in der Höh' sei Ehr'« (662) oder von Mozart das »Ave verum corpus« – wer wollte für welche Musik das Wort »himmlisch« steigern? Und wer wollte überhaupt das Wort »himmlisch« steigern? Doch wohl nur ein Protestant, der »evangelisch«, oder ein Katholik, der »katholisch« für die Steigerung von »himmlisch« hält.

12. August

Am Sonnenhang. Keines der Bilder in unserem Haus besitzt einen Marktwert, der einen Einbruch lohnen würde. Manches von ihnen würden wir jedoch für keine Summe der Welt missen wollen.

Die meisten haben eine Geschichte, die zu unserem Leben gehört.

In der Bibliothek hängt ein Ölbild von Ludmila Matějková-Pitrová. Vor fünfundzwanzig Jahren hatten wir es in ihrem Marienbader Atelier gesehen:

Erstarrt stehende schwarze Pferde, denen im Traum ihr eigenes Wunschbild erscheint – ein hellblaues Pferd, das einen weißen Schatten hat, und auf dem Schatten einen Reiter. – Auf die Frage, ob das Bild verkäuflich sei, sagte die Malerin, sie setze ein und denselben Einfall nie zweimal um, und an diesem Bild hänge sie. Irgendwann werde sie sich von ihm trennen, dann aber werde sie es nur für viel Geld hergeben. Zurückgekehrt in unsere Pension, schrieb ich ihr einen mehrseitigen Brief, und um gegebenenfalls genügend Kronen für eine Anzahlung zu haben, sparten wir sie uns in den folgenden drei Wochen vom Munde ab – wir lebten fast ausschließlich von Weißbrot und Suppe. Wenige Tage vor Abreise durften wir uns das Bild abholen, und der Preis war so bescheiden, daß wir die Partei der Malerin ergreifen mußten. Da die Ausfuhr von Kunstwerken aber verboten war, benötigten wir noch die amtliche Bestätigung, daß das Bild keinerlei künstlerischen Wert besitze. Wir vertrauten zu Recht darauf, daß es den damals gültigen offiziellen Kunstkriterien nicht genügen würde.

Aus jenen Jahren hüten wir auch ein Kupferrelief von Elly-Viola Nahmmacher, Greiz: ein auf einen Thüringer Dachschiefer aufgesetztes Vieleck mit dem Celan-Vers: *Es ist Zeit, daß der Stein sich zu blühen bequemt.*

Ein Farbholzschnitt von HAP Grieshaber mit einem Flöte spielenden Hirten ist betitelt »Im Vogtland und auf der Achalm«, und unter dem 14. XII. 77, also im Jahr unserer Übersiedlung in die Bundesrepublik, schrieb er auf ein Blatt, das einen gestürzten Engel zeigt: »Liebes Haus Kunze, auch dem gefallenen Engel ein frohes Fest auf Erden . . .«

Ebenfalls in Bezug auf unsere Übersiedlung steht die Stahlstatuette eines Künstlers aus der Pfeffermühle in Halberstadt, dessen Namen ich zu meinem großen Bedauern nicht mehr weiß: Mann, der sich vor Schmerz in die eigene Hand beißt. Die Skulptur ist ein Petschaft.

Eine Bronze von Karl-Heinz Krause (Liegender, 1959) erinnert an einen der kultiviertesten, charmantesten und generösesten Menschen und Menschenverknüpfer, denen wir im Leben begegnet sind, an meinen Kollegen Joseph Breitbach. Die Plastik stammt aus seinem Nachlaß.

Beschützt wird unser Haus von einem Schwarm »guter Geister« – einer Lithographie mit Schutzworten von Fritz Koenig.

Viele Bilder und die eine oder andere Plastik gehen auf Texte zurück oder hatten Texte zur Folge: Christian Aigrinners Illustration zu »Fischritt am Neujahrsmorgen« (1967), die Gedichte »Nachtfahrt«, »Abbitte nach der Reise« und andere in Holz geschnitten von Hans-Georg Anniès in Moritzburg bei Dresden (1975, als neben dem holzschneiderischen Können Mut dazu gehörte), Jan Balets Aquarell »Der Gast«, das Titelbild des Gedichtbandes »auf eigene Hoffnung« (Taschenbuch), oder Albrecht von Bodeckers Federzeichnung zum Erscheinen des Buchs »Brief mit blauem Siegel« in Leipzig 1973: ein Handstand machender Harlekin.

In Ausstellungen gehe ich meist zuerst auf Bilder mit großem Himmel zu. In Fischerhude zum Beispiel waren es die »Wolkenberge« von Otto Modersohn. In unserem Haus hängen »große Himmel« von Heiner Bauschert, Ulrich Eisenfeld und Hans-Peter Hund (in der »Frankfurter Allgemeinen Zeitung« auch »Himmelhund« geheißen), und in meinem Arbeitszimmer lebe ich mit einem riesigen Winterhimmel von Hermann Eller, einem Vor-Schneesturmhimmel über zwei eng beieinanderstehenden Bäumen. Warum mich große Himmel anziehen, weiß ich nicht. Vielleicht ist es die Übermacht ihrer Stimmungen, vielleicht das Unendliche, das an unsere Endlichkeit erinnert.

13. August
Vollkommener Vers, vollkommenes Fest

Trinkspruch

Das Wagnis

Nicht den Fels zu erschüttern vermag ich, wie
                                 Orpheus vermochte,
Aber ich wage das Wort, wie das Wort er gewagt.
Steine schweigen, ich weiß. Doch, wenn ein Herz
                                 ich bewegte,
Wär ich, bewegt ich ein Herz, nicht von des
                                 Orpheus Geschlecht?

In der von mir herausgegebenen Anthologie »Über, o über dem Dorn«, Gedichte aus 100 Jahren S. Fischer

Verlag, fehlt im letzten Vers dieses schönen Gedichtes von Albrecht Goes das Wörtchen »des«. Ich bringe es hiermit zurück.

Albrecht Goes habe ich bereits um Verzeihung gebeten, und er, den ich hätte trösten müssen, hatte mich getröstet.

Seine Leser habe ich jedoch noch nicht um Verzeihung bitten können. Das, was man einem Autor antut, tut man stets auch seinen Lesern an. Sie werden den Fehler bemerkt und mit dem Dichter gelitten haben. Ich bitte um Vergebung.

Und ich entschuldige mich bei jenen, die das Gedicht in der von mir verschuldeten unvollkommenen Fassung kennenlernten. Vielleicht haben sie ein Unbehagen gespürt, aber nicht gewußt, warum. Nun können sie erleichtert das Glas heben.

Erleichtert, wenn auch gesenkten Blickes, stoße ich mit ihnen an.

14. August

Auch einem Gedicht von Hilde Domin habe ich zwei Buchstaben zurückzubringen. Ich trug schwer an ihnen und schmücke dieses Buch unverdienterweise mit dem wiederhergestellten Text:

Bitte an einen Delphin

für Christine Busta

Jede Nacht
mein Kissen umarmend wie einen sanften Delphin
schwimme ich weiter fort.

Sanfter Delphin
in diesem Meer von Herzklopfen,
trage mich,

wenn es hell wird,
an einen gütigen Strand.
Fern der Küste von morgen.

15. August

Mit einem Bronzekopf der Bildhauerin Rosemarie
Sack-Dyckerhoff aus Freiburg zurückgekehrt. Um
dem Verdacht zu entgehen, eine Plastik aufgestellt zu
haben, *weil* einer von uns ihr Gegenstand ist, hatten
wir jahrelang eine Bronze der Münchner Bildhauerin
Chrysille Schmitthenner in einem Schrank verborgen
gehalten und uns so um das Zusammenleben mit
einem *Kunstwerk* gebracht. Dem Sack-Dyckerhoff-
schen Kopf wird die Dunkelhaft erspart bleiben.

17. August

0.00 Uhr. Der junge Organist und Dirigent Michael
K. und seine Frau Maria waren bei uns zu Gast, und
wir haben einen Abend lang fast nur über Musik
gesprochen. Wenn sich Dreißigjährige und Sechzig-
jährige einig sind über die Zweihundertjährigen,
sind dreißig Jahre Altersunterschied bedeutungslos.

Michael K. am Klavier: Dort, wo wir Finger haben, sitzen bei Leuten wie ihm zehn Rattenfänger
(Metapher von E.).

*

Auf dem Band mit Konzertmitschnitten, das uns K.s mitbrachten, ist unter anderem die Motette »Jesu, meine Freude« BWV 227 zu hören. In den heißen Sommermonaten nach Kriegsende starben in Oelsnitz/Erzgebirge, wo ich zur Schule ging, viele, vor allem ältere Menschen an Entkräftung, und wir Kirchenchorknaben hatten täglich mehrmals »Begräbnisdienst«. Einer der meistgesungenen Choräle war »Jesu, meine Freude«. In der kleinen Friedhofskapelle, die im Volksmund »Leichenhalle« hieß, herrschte zeitweise ein solcher Verwesungsgeruch, daß wir aufatmeten, wenn es uns vergönnt war, jene vor die Tür zu begleiten, die sich übergeben mußten. Für die Mitwirkung an einer Begräbnisfeier erhielten wir 23 Pfennige, und am Monatsende waren wir »reich«.

18. August
Brauerei-Tischwerbung in einem Café in Mengen: Gebraut aus *natürlichem* Gebirgswasser.

20. August
Vom eigentlichen Nutzen der Einsicht in die Staatssicherheitsakten. Bärbel Bohley: »Am meisten erschüttert die Zerstörung und der Verschleiß menschlicher Gefühle. Hier sind Verrat, Lüge, Untreue, Heimlichkeit, Hochmut, Überheblichkeit, die Lust auf Macht und die Kriecherei, die Angst und die Feigheit belohnt worden... Lange habe ich ge-

glaubt, daß die DDR zu reformieren sei. Erst die
Akteneinsicht hat mich endgültig von diesen Träu-
men befreit. Ein Staat, der in immer größerem Maße
die schlechten Eigenschaften der Menschen als
Grundlage seines Bestehens braucht, ist zum Unter-
gang verurteilt.«

21. August
Am Sonnenhang. Unser Haus befand sich noch in
Bau, als A. uns einen bemoosten, von Hand ge-
schnittenen Dachziegel brachte, dessen Alter er auf
mehrere hundert Jahre schätzte. Am gegenüberlie-
genden Donauufer wurde Burg Krämpelstein neu
eingedeckt, und er selbst hatte den Ziegel in halsbre-
cherischer Höhe abgenommen. A.s Wunsch: Unser
Haus möge so alt werden und den Wettern trotzen
wie dieses ehrwürdige Stück gebrannten Tons. Der
Spengler, der unser Haus mit Kupferblech gedeckt
hatte, schmiedete fünf kupferne Wandhaken – und
wer nun das Haus betritt, bemerkt den Ziegel vielleicht nicht, aber er durchschreitet sein Kraftfeld.

Kein Bild und doch ein Bild ist ein »Siegelblatt«
von Horst Drescher: zwei vergilbte, feinädrige Blätter der Kapuzinerkresse, das eine ein wenig kleiner,
weiblicher; dort, wo sie mit den Rändern übereinan-
derliegen, verbindet sie ein Siegel und gibt ihnen
Halt an der Welt.

Wenn ich die Arbeitszimmertür zur Diele öffne,
fällt der Blick auf ein Foto: die große Glocke der
Stadtkirche zu Greiz.

23. August

Irmgard und Benno Rech schickten einen neuen
Band mit Gedichten von Johannes Kühn. Auf der
Rückseite des Umschlags ist von jenen die Rede, die
irritiert fragen, »warum Kühns Gedichte etwas seltsam Inspiriertes haben«. Inspiriert zu sein, poetische
Einfälle zu haben, gilt bereits als seltsam, statt als
selten.

*

Zur gleichen Zeit wie der Gedichtband erschien eine
Franz-Marc-Gemäldemarke der Deutschen Bundes-
post. Sie könnte als Frankatur für das Buch herausge-
bracht worden sein.

Hasborn

Hügelland,
vieler Pferde Rücken rundhin,
grüner Ritt durch den Sommer . . .

28. August

Von Schloß Drosendorf aus niederösterreichische
und südmährische Ortschaften an der Thaya abge-
wandert. Der Verfall der Gemäuer und das Desinter-
esse der Menschen in den mährischen Grenzorten
bedrücken (die Bauerngärten vor den bewohnten
Häusern sind zum Teil verwahrlost, und im aufgebro-
chenen Straßenbelag wächst hohes Gras). Die Ju-
gendlichen dürften es vorziehen, die Dorfplätze und
Kleinstadtanger mit ihren demütigen Pestsäulen auf-

140

zugeben und in die großen Städte überzusiedeln, wo sie ihren Nachfahren keine Aidssäulen hinterlassen werden.

Nach dreißig Jahren hielt auf der mährischen Seite nur die Thaya der Erinnerung stand: durchsichtig bis auf den Fels, strähniges blühendes Flußgras – und das Wasser kämmte die stillhaltenden Forellenschwärme.

29. August
E. liest Jean Paul. Dieser im Jahre 1798: »Die Welt liebt jetzt Zeitschriften – aus Zeitmangel, weil wir alle, Menschen und Bücher, wie eine fliehende Armee im Laufen sind und wie eine römische nur marschierend essen...«

31. August
Programme für Lesungen. Ein Programm muß Pfeiler haben, die die Spannungsbögen tragen – also Texte, auf die man, hat man sich entschieden, nicht mehr verzichten kann. Es muß eine Logik haben, die es dem Zuhörer erleichtert, sich innerhalb von Sekunden von einer Vorstellung in eine andere zu versetzen (einem Gedicht, in dem ich mit dem Flugzeug starte, sollte kein Gedicht vorausgehen, in dem ich fliege). Ein Programm bedarf des Kontrastes und der Steigerung. Wenn das Publikum mehrmals in der Konzentration nachlassen darf, erhöht sie sich von Mal zu Mal.

3. September

Der Markt für Fernsehzeitschriften expandiere. Bei der soeben gestarteten Neugründung sei eine der redaktionellen Erwägungen gewesen, senkrecht untereinander auszudrucken, was die einzelnen Fernsehsender zu einer bestimmten Zeit anbieten, oder es waagrecht nebeneinanderzusetzen, also die eingefahrene Zeitschiene zu fahren ... Hätte man in der Runde gewußt, daß ich soeben ein Wort gelernt hatte: Zeitschiene, wäre man erschaudert, mit einem Fossil zu Tisch zu sitzen.

*

Die Morgenzeitung im Hotel, Seite 1, vierspaltig »Vorstoß gegen zuviel Gewalt und Sex im Fernsehen ... Tag für Tag ... rund 70 Morde ... Würde man alle Gewaltszenen einer Woche zusammenschneiden, ergäbe dies einen Film von mehr als 25 Stunden.« Die Zeitung im Flugzeug: »Mord vor Kinderaugen ... Abendstund' hat Gewalt im Mund. Besonders geballt tritt die Gewaltverherrlichung nicht in der Nacht, sondern in den Vorabendprogrammen der Fernsehanstalten auf ... Da amüsieren sich Kinder darüber, wie es einen Menschen zerreißt oder wie jemand von der Salve einer Phantasiewaffe durchlöchert wird. Gewalt wird dank der Fernsehunterhaltung zur Gewohnheit.«

*

Gewiß wiegelt das deutsche Fernsehen nicht zu Gewalt gegen Ausländer auf, aber überall, wo sich die

Polizei Gewalttätern gegenübersieht, muß sie sich auch jenes Anteils an Gewalt erwehren, den das Fernsehen zu verantworten hat – angekündigt mittels Zeitschiene.

15. September

Die Wirklichkeit muß erst durch den Menschen hindurch, ehe in der Kunst Gültiges entsteht. Wir stekken zur Zeit tief in der Wirklichkeit, die nicht nur Gegenwart ist, sondern eine zum Teil übermächtige Vergangenheit hat.

*

Es ist unbillig, von jemandem zu erwarten, was zu schaffen nicht allein von seinem Willen abhängt. Ich kann nur *wünschen,* daß Sarah Kirsch noch ein paar schöne Gedichte schreibt, oder einer, der noch keinen Namen hat, aber vielleicht schon einen Namen, *den* großen deutschen Roman.

16. September

Marian Nakitsch schreibt, er sei nun kroatischer Staatsbürger, und in Zagreb herrsche Ruhe. Es sei erlösend, nachts schlafen zu können und am Morgen nur auf die Sonne gefaßt sein zu müssen. Er schickt neue Gedichte. Eines heißt »In der Kindheit war ich den Vögeln am nächsten« und beginnt:
Flogen Ringeltauben über mich hinweg,
schloß ich mich rennend ihren Schatten an . . .

Es endet:
Dann stellte ich mir mein Begräbnis vor:
Wie die Mehlschwalbe
verschwinde ich oben im Lehm,
nicht unten.

17. September
Am Sonnenhang. 1987, Salzburg, Zeit der Osterfest-
spiele. Die Lesung hatte bereits begonnen, als in der
Saaltür ein Herr mit Cello erschien. Ich dachte: Tut
mir leid, mein Herr, Sie sind hier falsch, hier ist keine
Probe. – Doch er trat ein und lehnte sich mit seinem
Cello an die Wand.

Nach der Lesung kam er auf mich zu und entschul-
digte sich, daß er zu spät gekommen sei. Er sei nämlich »Cellospieler«, sagte er. »Cellospieler« – das
klang nach Kaffeehaus, und in einem Kaffeehaus zu
musizieren, während Karajan nebenan Bruckner di-
rigierte, mußte deprimierend sein. Vielleicht war es
mein Blick, der ihn hinzufügen ließ: »Ich bin nämlich
Berliner Philharmoniker.« Sie hätten, sagte er, mit
dem Orchester noch eine Feier gehabt, und da habe
er nicht früher weggehen können.

Dieser Mann hatte, um nicht zu stören, anderthalb
Stunden gestanden.

Ich sagte: »Nun sagen Sie nur noch, daß Sie einer
der ›Zwölf Philharmonischen Cellisten‹ sind!«

»Ja«, sagte er.

Eine Woche später stand der Herr mit dem Cello,
der »Cellospieler« Götz Teutsch, vor unserer Tür –

mit Cello. Er habe die Matthäuspassion in München »sausen« lassen, sagte er, ein Kollege vertrete ihn.

Seither ist unser Haus musikalisch geadelt.

*

Götz Teutschs Eintragung im Gästebuch endet:

Er hatte unter anderem aus der c-moll-Suite von Bach die Sarabande gespielt, und nie hatte, nie habe ich sie fassungsloser gehört.

Bach schrieb sie unmittelbar nach dem Tod seiner ersten Frau, Maria Barbara.

Das Gespräch – das heißt, Götz Teutsch und das Cello sprachen, und wir, E. und ich, hörten zu – besiegelte eine Freundschaft.

19. September
Ein Spätsommer, der ans Paradies erinnert: Will E. Pflaumenknödel machen, läuft sie »schnell mal« zum Pflaumenbaum, und wäre Holunderbeersuppe gerade recht, holt sie »schnell mal« ein paar Beeren

vom Strauch. Pilze, Steinpilze (Stieldurchmesser 10 cm – heute gesehen!) lassen wir allerdings stehen: Cäsium 137 . . . Ein Spätsommer, der fast ans Paradies erinnert.

21. September
Am Sonnenhang. Er wollte Priester werden, doch das Regime der Priester im Internat ließ diesen Wunsch absterben. Arzt zu werden, scheiterte an der Armut: Der Vater hatte die Familie verlassen, und die Mutter vermochte nur mit Not, das Internatsgeld aufzubringen. Um sie zu entlasten, begnügte sich der Sohn mit der mittleren Reife, lernte Krankenpfleger, legte das Staatsexamen ab und arbeitete auf Station und Intensivstation. Später absolvierte er ein zweijähriges Fachstudium für Anästhesie und Intensivpflege, und seit 1981 ist er leitender Pfleger der medizinischen Intensivstation am Klinikum Passau.

Bildern und Büchern war er bereits als Schüler verfallen: Wenn seine Klassenkameraden am Ende des Schuljahres ihre Zeichnungen in den Papierkorb warfen, holte er sie wieder heraus, um auszuwählen, was ihm gefiel, und die Pfarrbücherei las er aus. Als er als Krankenpflegerlehrling zweihundertfünfzig Mark im Monat verdiente, kaufte er sich sein erstes Original – »Adam und Eva im Paradies«, eine Lithographie von Alfred Kubin, und während seines Studiums in Tübingen gönnte er sich einen Holzschnitt von HAP Grieshaber – »Engel haben Vorfahrt«.

In dem Bedürfnis, andere an seinen Neigungen

teilhaben zu lassen, kam er auf die Idee, neben seinem Beruf eine Zeitschrift herauszugeben.

Diese Idee war es, die mir seinen Namen zu Ohren und den Mann zu Gesicht brachte: Toni Pongratz.

Die Zeitschrift gibt es nicht, aber seit mehr als zehn Jahren die *edition toni pongratz* – eine literarische Reihe mit numerierten und signierten Ausgaben zeitgenössischer Autorinnen und Autoren, unter ihnen Rose Ausländer, Horst Bienek, Heinrich Böll, Günter Grass, Sarah Kirsch, Günter Kunert, Siegfried Lenz, Ulrich Schacht, Jaroslav Seifert, Jan Skácel und Gabriele Wohmann.

Im Nachtverlag.

Und es gibt die »Literarisch-graphischen Blätter« der Edition Toni Pongratz – Einzeldrucke, Mappen und Bücher.

Ein Ein-Mann-Verlag (Christa, die Frau, Krankenschwester auf der Station ihres Mannes, übernimmt außerhalb des Dienstes am Krankenbett den Verlagstelefondienst, und Sohn Sebastian hilft, Rechnungen zu schreiben).

Und die Drucke »Künstler für Afrika« gibt es (Paul Flora, Joseph Fruth, Janosch, Clement Moreau, Alfred Pohl, Horst Sauerbruch, Heinz Stein, Heinz Theuerjahr u. a.).

Finanzieller Gewinn ist nicht beabsichtigt. Gewinn soll haben, wem ein Bild oder ein Gedicht Gewinn bedeuten.

Und wer hungert. Für Brot in Äthiopien überwies er bisher 60 000 DM.

Aber er steht vor der Tür, als entschuldige er sich,

daß es außer seinem Anliegen ihn selbst gibt, und meist bemerkt man erst hinterher, daß er dagewesen ist: Im Haus stehen Kartons mit tausend Exemplaren einer Neuauflage von Skácel-Feuilletons, die es zu signieren gilt, oder im Bücherregal ist die Reihe seiner Edition um ein schmales Bändchen länger geworden.

22. September

Pressebericht über eine Ausstellung der Stadtbibliothek Worms: »Fotos zeigen die Braut des Schriftstellers Utz Rachowski, die – obwohl schwanger – inhaftiert wurde, weil sie ein Buch von Reiner Kunze verlieh.«

Was die DDR betrifft, gibt es wenig, das in mir noch Emotionen hervorrufen könnte. Aber Details wie dieses . . .

23. September

Wenn alle Schwätzer wüßten, wie sie schwätzen, verstünde man wieder ein leises Wort.

27. September

Am Sonnenhang. Zur Zeit des Richtfestes lag ich im Krankenhaus. Eines Abends brachte mir E. die Post, darunter ein Manuskript mit Gedichten in bayerischer Mundart. Sie bedauerte mich doppelt.

Doch ich genoß ihr Mitgefühl unverdientermaßen,

denn als die Nachtschwester das Licht ausschaltete,
las ich mit der Taschenlampe weiter:

in de kniakehln
vo da nacht
stehts wasser

(in den kniekehlen
der nacht
steht's wasser)

Oder:
heit kinna ma no lesn im land
schwoarze krouhan hockan in de baam

aber bald san de äst nackert
und d druckerschwärzn
fliagt uns um d ohrn

dann san de zeitungen weiß

(heute können wir noch lesen im land
schwarze krähen hocken in den bäumen

aber bald sind die äste nackt
und die druckerschwärze
fliegt uns um die ohren

dann sind die zeitungen weiß)

Ich weiß nicht, ob es diese Metaphern waren, aber es
waren Metaphern wie diese. Und der Autor dachte
paradox-erleuchtend. Auf das Gemälde »Donau-
landschaft bei Regensburg« von Albrecht Altdorfer
– 1525 – schrieb er:

149

mia taat ma gern lebn
weit drin in

deine altn farbn
weit drin in

deiner landschaft

weil auf de
passens auf

(wir würden gern
weit drin leben in

deinen alten farben
weit drin in

deiner landschaft

denn auf die
passen sie auf)

Nur glich manches, was ich in dieser Nacht las, nicht
Texten wie diesem. Der Mann war ein Dichter, der
noch zu wenig wußte, wie man ein Gedicht schreibt.
Man brauchte nichts hinzuzufügen, man mußte nur
weglassen und umstellen: Der letzte Vers war die
Überschrift, diese die letzte Zeile, und das Gedicht
begann zwei Strophen später.

Unterhalb der Armbeuge hatte mir der Arzt eine
Verweilkanüle gelegt. Am folgenden Morgen brüs-
kierte ihn ein unübersehbarer Bluterguß. Beim
Durcharbeiten des Manuskripts hatte ich mir die
Vene durchstochen.

Toni Pongratz, der von seiner Station heraufkam, um sich nach dem Befinden zu erkundigen, ahnte nicht, daß auf meinem Beistelltisch das Manuskript eines *Harald Grill* lag, dessen hochdeutsche Verse er eines Tages verlegen würde.

*

Aus dem Bayerischen:

auf die welt kommen

ein kleiner
ein heller punkt
ein licht

du meinst du
erstickst
du mußt raus

deinen kopf deinen kleinen
drückt's zusammen
dann würgt's dich

du schreist
und schreist
so laut du kannst

du kannst nicht mehr
bist fix und fertig:

dabei soll's jetzt erst losgehn

zeichnen

aus dem kopf
wollte ich dich zeichnen
dein gesicht
deine brüste und
unterm bauch
den schwarzen schatten

für deine füße
war auf meinem blatt
kein platz mehr
und jetzt begreife ich's
nie gab ich acht
auf deine füße

auf die füße
mit denen du fortgingst
deine füße
die hab ich übersehn

30. September
Dr. Heimo Schwilk, Redakteur der »Welt am Sonn-
tag«, und den Fotografen Claus Gretter zwei Tage
durch Oelsnitz/Erzgebirge begleitet.

Um für mich selbst einige Aufnahmen zu machen,
war ich schon am Vorabend aufgebrochen und hatte
auf halbem Wege übernachtet.

Oelsnitz schien bei meiner Ankunft noch zu schlafen.

Ich fuhr zuerst zu dem Hinterhaus, in dem ich vor

fast sechzig Jahren zur Welt kam. Mein Vater war damals arbeitslos gewesen, und meine Mutter erzählte, daß sie sich während der Schwangerschaft – ich war das dritte Kind, die beiden anderen waren tot geboren worden – vor allem von Kartoffeln, Senf und Salz ernährt hatte. Die Fenster mit dem »Licht der Welt« hätten auch bei hochstehender Sonne im Schatten gelegen – sie blicken nach Norden.

Als das Haus meiner Kindheit ist mir jedoch nicht dieses Haus, sondern ein zweistöckiges Mietshaus in Erinnerung, in das wir vier, fünf Jahre nach meiner Geburt gezogen waren. Die Wohnung bestand aus einem einzigen Zimmer, dessen Tür direkt in den Hausflur führte, und einer Dachschräge, die so niedrig war, daß ich als Kind nicht im Bett stehen konnte, ohne anzustoßen. Der Abort, der mit anderen Mietern gemeinsam benutzt wurde, befand sich eine halbe Treppe tiefer.

Ich fand das Haus vor, wie ich es in Erinnerung hatte, samt Aborten eine halbe Treppe tiefer und dem eisernen Hoftor von damals – nur vom Putz von vor fünfzig Jahren fehlte etliches, und der Mörtel hatte die Fugen stellenweise bis zur Winddurchlässigkeit verlassen.

*

Bis in die siebziger Jahre wurde unter dem Stadtgebiet von Oelsnitz in tausend Meter Tiefe Steinkohle abgebaut, wobei man die Hohlräume der Stützen beraubte und sich selbst überließ. Die Senkmulde beträgt siebzehn Meter. Das Backsteinrathaus verschwand neun Meter in der Erde. Die Bögen des Eisenbahnviadukts mußten mit Beton gefüllt werden – der Bürgermeister nannte das Bauwerk »unsere Staumauer«. Die Bodenspannungen übertragen sich auf die unterirdisch verlegten Rohrleitungen und Kabel und lassen sie brechen – von den Straßendecken ganz zu schweigen!

Zu den Bergschäden kommt der »normale« Verfall, und diesem wie jenen ist vierzig Jahre lang kaum gewehrt worden. Dreißig Prozent aller Häuser seien abbruchreif, sagte der Bürgermeister, und fünfundsechzig Prozent nur unter erheblichem Aufwand zu sanieren. Seit 1990 sei zwar mehr geschehen als die Jahrzehnte davor, aber es stehe in keinem Verhältnis zu dem, was getan werden müßte. Allein für die Abwasserentsorgung von Oelsnitz und den umliegenden Gemeinden – die Stadt erhalte erstmals einen Hauptsammler – stelle der Freistaat Sachsen jährlich achtzehn Millionen Mark bereit, man benötige aber hundert Millionen. – Parteipolitische Auseinandersetzungen könne man sich im Stadtrat nicht leisten, sagte der Bürgermeister, sie wären ein Zeichen von Wohlstand.

*

In Oelsnitz ein Haus oder einen Hinterhof zu fotografieren, ohne ein Auto westlicher Produktion im Bild zu haben, war nahezu unmöglich. Selbst im Teich spiegelte sich ein Auto.

*

»Das kann doch nur der Kunzereiner sein!« rief Herr H. aus dem Fenster, und seine dreiundachtzigjährige Frau kam aus dem Haus gelaufen und sagte: »Ich hab' ihn doch immer gebicht.« »Bichen« heißt, einen Säugling auf den Armen wiegen. Sie entsann sich des »Ausschlags«, an dem ich von klein auf litt. Meine Mutter habe mir die Hände auf den Rücken gebunden, damit ich mich nicht kratze, sagte sie. Und: Nun, da es ihnen gut gehe, seien sie alt. Ich war erstaunt, daß jemand nicht klagt. Na, ihnen gehe es jetzt doch gut – als Rentner, sagte sie. Erstens bekämen sie mehr als früher, und zweitens – was gäbe es denn *nicht,* wenn man sich etwas gönnen wolle? Etwas anderes wäre es, wenn sie sich noch um den Arbeitsplatz sorgen müßten ...

1. Oktober
Hitler-Gruß und das Zeigen nationalsozialistischer Embleme stehen unter Strafe. Aber mit getarntem Hitler-Gruß und getarnter Hakenkreuzflagge kann man durch die Straßen ziehen – unter Polizeischutz. Ist der Rechtsstaat nur dann ein Rechtsstaat, wenn er die List seiner Feinde duldet?

2. Oktober
Redner im Brandenburger Landtag: »...*Wasser* auf die Mühlen der *Brandstifter.*«

3. Oktober

Helmut Kohls Tragik: im richtigen Augenblick das Falsche gesagt und das Richtige getan zu haben. (Er glaubte, was er sagte. Doch viele, die sich damals irrten wie er, nehmen heute nur *seinen* Irrtum übel.)

7. Oktober

Erstmals in meinem Leben durch das Brandenburger Tor gefahren.

8. Oktober

Willy Brandt gestorben. In meiner Erinnerung ein Knieender, vor dessen Kniefall ich mich verbeuge.

9. Oktober

IM-Akte Hermann Kant, Deckname »Martin«, gefunden; neun Bände von ca. 2500 Blatt. – Berlin, 18. 2. 1963: »*Kant,* Hermann ... Da der Kandidat mit dem *MfS* seit dem 6. 8. 1957 inoffiziell zusammen arbeitet wurde bei dem Kandidaten von einer schriftlichen Verpflichtung abstand genommen ... Seit dem 4. 10. 1962 arbeitet der Kandidat unter dem Decknamen ›*Martin*‹ Nach diesem Gespräch wurde der Kandidat nocheinmal auf die Notwendigkeit der Einhaltung der Konspiration hingewiesen ... Treike ... Obltn.« – Die im »Spiegel« veröffentlichten Auszüge aus der Kant-IM-Akte und die Berichte des IM »Martin« in den Opfer-Akten von Wolf Biermann, Günter Kunert und anderen weisen Kant als langjährigen Mitarbeiter des Staatssicherheitsdienstes aus.

Kant behauptet, nie als inoffizieller Mitarbeiter des Staatssicherheitsdienstes tätig gewesen zu sein, da er keine Verpflichtungserklärung unterschrieben habe. Als mache die Unterschrift den Täter, und nicht die Tat.

12. Oktober

Gerhard Henniger, Hermann Kants Prozeßzeuge, am 8. Mai 1992 vor dem Hamburger Landgericht: »Meinungen von Hermann Kant waren kein spezielles Thema meiner Gespräche mit Mitarbeitern des MfS.« Karl Corino hatte in den vergangenen Tagen Einblick in die IM-Akte »Martin« und fand eine Anzahl Protokolle, in denen Gerhard Henniger dem Ministerium für Staatssicherheit ausführlich über Hermann Kant berichtet.

14. Oktober

Am Sonnenhang. Von keiner Wohnung aus sind wir so weit in die Welt aufgebrochen wie von dieser, und nie zuvor hatten wir Freunde aus so großen Entfernungen zu Gast. Seither liegt das Haus nicht nur geographisch zwischen Buenos Aires und Tokio.

Diese Jahre waren die weltgebenden Jahre unseres Lebens.

Und die schöpferischsten.

E., die ihr Leben lang selbständig gearbeitet hat, ist zum erstenmal selbständig.

In keine Wohnung haben wir so viel Geist tragen können wie in diese.

*

Mitte Oktober – und die Eberesche ist geplündert. Das Schwarz hat das Rot mitgenommen, und das Grün ist hinterhergeflogen. Einmal saßen achtzehn Amseln im Baum – und oft kehrte die rote Beere zurück aus der Kehle, um im aufgesperrten Schnabel für einen neuen Schluckversuch zurechtgerückt zu werden. Dann fiel ein scharfer Föhn ein.

Nun hocken die Amseln im Feuerdorn, der so schwer ist von Früchten, daß ein ihn stützendes Stahlrohr knickte.

*

Der Mammutbaum ist in diesem Jahr gewachsen *wie ein Mammutbaum.* Vielleicht wird er nicht an der Menschheit zugrundegehen, vielleicht nicht einmal mit ihr. Vorausgesetzt, er wird nicht Opfer eines Menschen.

15. Oktober
Ludwig Marcuse: »Nicht nur Verzweiflung, auch seliges Überströmen schafft Bilder.«

16. Oktober

»Höhere Post« erhalten. Evelyn Schlag schickte ihren neuen Gedichtband.

Gedichte sind Geheimnisse die
man Fremden anvertraut zugleich
eine Art höherer Post letzte Weisheit
wenn sonst alle Briefe verlorengehen

17. Oktober

Nachdem Hermann Kant im Jahre 1978 auf dem VIII. Schriftstellerkongreß der DDR zum Verbandspräsidenten gewählt worden war, verfaßte Konrad Franke für die Deutsche Welle ein Porträt Kants, das mit dem Satz schließt: »Die Mischung... von entschiedener Parteilichkeit und von Menschlichkeit verratendem Humor machen ihn akzeptabel, für die Partei, für den Staat und für viele seiner Kollegen und Leser.« Kant hatte auf demselben Kongreß gesagt: »Wenn die Darmstädter Akademie ihren Literaturpreis auf den Kunze bringt, muß sie selber sehen, wie sie damit zurechtkommt, und... aber lassen wir das, kommt Zeit, vergeht Unrat.«

Nun empfiehlt Konrad Franke in der »Süddeutschen Zeitung« mir und anderen, Kant wegen Prozeßbetrugs zu verklagen. Franke: »Anders kommt man dieser nun doch ›öffentlichen Angelegenheit‹, dem Bruder Harmlos Hermann Kant, nicht bei.«

Ach, Bruder Konrad Franke...

18. Oktober

Hans Dieter Zimmermann in der »Frankfurter Allgemeinen Zeitung«: »Als Huchel im Frühjahr 1963 den Fontane-Preis der West-Berliner Akademie der Künste annahm, wurde in Ostberlin eine Kampagne gegen ihn gestartet... Huchel gab nicht nach, er nahm den Preis an. In der Sitzung der Sektion vom 30. Mai 1963 sagte... Bredel: ›Ich habe darüber nicht zu entscheiden. Ich würde ihm die Ausreise gewähren, aber nicht die Wiedereinreise. Das können wir als Akademie überhaupt nicht entscheiden.‹ Entscheiden konnte nur die Parteispitze... Mit den Dokumenten, die Sebastian Kleinschmidt im neuen Heft von ›Sinn und Form‹ vorlegt, geht der Mythos, den die Ostberliner Akademie pflegt, zu Ende: Sie behauptete, sie habe nie ein Mitglied ausgeschlossen... In den Stasi-Akten Huchels gibt es den Vermerk eines GI (Geheimer Informant, ältere Bezeichnung für IM) ›Martin‹ vom 29. April 1963, wonach Stephan Hermlin den Standpunkt vertreten haben soll, daß die Auszeichnung Huchels mit dem West-Berliner Fontane-Preis eine Provokation sei. Wenn Huchel den Preis nicht ablehne, dann müsse man ihn aus der Akademie ausschließen. Am 16. Juli 1963 hält Dr. Hossinger in einem Aktenvermerk fest: ›Die Sektion Dichtkunst und Sprachpflege beantragt den Ausschluß Peter Huchels aus der Akademie. Das Plenum faßt einen entsprechenden Beschluß.‹ Dazu kam es nicht. Die Partei war dagegen; wahrscheinlich wollte Kurt Hager nicht wieder eine Pressekampagne im Westen entfachen.«

Was hätte Peter Huchel getan, hätte er erlebt, daß
die Ost-Berliner Akademie *en bloc* in die West-Berliner Akademie einzieht?

19. Oktober

Manfred Jäger im »Deutschen Allgemeinen Sonn-
tagsblatt«: »Margarete Hannsmann ... vertritt allen
Ernstes die Ansicht, daß selbst schuld ist, wer von
der Stasi ins Visier genommen wurde. Jeder, der wie
Reiner Kunze in den bösen Westen wollte, kann nur
mit ihrer Verachtung rechnen.«

20. Oktober

Karl Corinos Einsichtnahme in die IM-Akte »Martin« legt den Schluß nahe, daß sich Hermann Kant
seiner konspirativen Tätigkeit als IM »Martin« bewußt war. Nicht nur, daß ein maschinenschriftlich
abgefaßter Bericht über den Verleger Klaus Wagen-
bach handschriftlich mit »Martin« unterzeichnet ist,
Kant sei auch in Aufregung geraten, als ihn Günther
Zehm in der »Welt« vom 3. April 1964 der Tätigkeit
für das Ministerium für Staatssicherheit verdächtigt
hatte. In einem Treffbericht vom 7. April, den die
Oberleutnants Schindler und Treike verfaßten, heißt
es: »Der GI vertritt den Standpunkt, daß von seiner
Zusammenarbeit mit dem MfS niemand etwas weiß,
daß er sich nirgends dekonspiriert hat ... Auch hat
der GI niemals, auf seinen Reisen nach Westdeutsch-
land, operative Materialien mit sich geführt bzw. hat

er keine Person angesprochen, die daraus schlußfolgern konnte, daß der GI Kontakt zum MfS hat.«

In einer »Einschätzung« vom 26. 11. 1968 schreibt Oberleutnant Schönfelder, in Schriftstellerkreisen werde vermutet, Kant arbeite für das Ministerium für Staatssicherheit, dieser sei aber darauf bedacht, die Konspiration zu wahren.

Hermann Kant zog gegen den »Spiegel« vor Gericht, weil dieser ihn »Stasi-Helfer« genannt hatte.

22. Oktober

Harald Grill wurde von der Bayerischen Akademie der Schönen Künste mit dem Friedrich-Baur-Preis ausgezeichnet.

23. Oktober

Verszeile: *und fällt mir auf*... Wenn in einem Gedicht etwas *fällt,* dann nur nach unten. Auch das macht Dichtung zu Dichtung, daß das Wort so nahe wie möglich seiner *sinnfälligsten* Bedeutung gebraucht wird. Kein Dichter wird sagen »es fing an«, sondern das Fangen den Jägern überlassen.

25. Oktober

Im Radio eine Messe gehört, die wir nicht kannten. Mozart schied aus, obwohl er hindurchschimmerte. Haydn? Haydn auszuschließen, wagen wir kaum noch. Aber ein gelegentlich unüberhörbarer Nicht-

Haydn ließ auch ihn ausscheiden (wobei der Nicht-
Haydn voller Temperament und melodischer Erfindung war). Die sonntagmorgendliche Entdeckung:
Vincenzo Righini, 1756–1812, Missa solemnis op. 59
zur Krönung Leopolds II. Mozart schrieb über Righini: – »der schreibt *recht hüpsch*. er ist nicht un-
ergründlich; aber ein großer Dieb.«

26. Oktober
Božena M., Brünn, 13. 10.: »Diesmal [Abiturienten-
treffen nach vierzig Jahren] sprachen alle ohne Hemmungen . . . Eine sagte, wenn O. gekommen wäre,
hätte sie den Raum sofort verlassen. O., ehemaliger
Mitschüler und später Direktor des Gymnasiums, an
dem sie unterrichtet hatte, war ein Hundertfünfzig-
prozentiger. Aus politischen Gründen hatte er sie zur
Dorfschullehrerin degradieren lassen. – Eine andere
war von ihrem Direktor aufgefordert worden, vor
ihrer Klasse – Abiturienten – sieben Relegierungs-
schreiben zu verlesen. Das hatte sie nicht übers Herz
gebracht. Sie hatte einen Schüler gebeten, es für sie
zu tun, und am Fenster gestanden und geheult. Daraufhin hatte auch sie das Gymnasium verlassen müssen . . . Viele Schlechte waren unter uns, auch unter
den Lehrern: S., Kommunistin noch heute und damals eine von denen, die kein Pardon kannten,
wurde von allen gemieden, keiner setzte sich neben
sie . . . Schlimm, was in uns zurückgeblieben ist! Das
Erschütterndste aber war – erstmals hat einer gesprochen, dessen Vater gehängt worden ist. Als Sohn

bekam er deshalb jetzt hunderttausend Kronen...
Vielleicht sagt das Dorf Babice auch Dir etwas. Die
Kommunisten hatten es ausgesucht, um ein Exempel
zu statuieren – der Widerstand der Bauern sollte
gebrochen werden. Viele wurden eingesperrt, einige
umgebracht. An einem dieser öffentlichen Verhöre,
das in der Turnhalle stattfand, hatten wir teilnehmen
müssen: Ein Vater wurde zum Tode verurteilt, andere erhielten Lebenslänglich. Ich weiß noch, wie ich
nach Hause kam und zu meinem Vater sagte: Stell dir
vor, die Č. hatten einige Kilo Gold im Garten vergraben! – Mein Vater fragte nur: Und wir haben unser
Gold auch vergraben? – *Wir,* sagte ich, woher sollen
wir denn Gold haben? – Darauf mein Vater: Und Č.,
ein gewöhnlicher Müller, Vater von drei Kindern? –
Es war eine furchtbare Zeit, und ich bin froh, dieses
Treffen noch erlebt zu haben. Jeder haben wir J. M.,
dessen Vater hingerichtet worden ist, persönlich um
Verzeihung gebeten.«

27. Oktober

Prosa, aber dennoch »höhere Post« – Friedhelm
Kemps Übertragung von Philippe Jaccottets »Landschaften mit abwesenden Figuren«:

»Tatsächlich stand der Himmel in Farben wie auf
einem alten Gemälde, ein fast unwirkliches Rosa
und Gold. Als erstes war da, den Horizont entlang, ein goldener Streif, darüber dann ein rosafar-
bener Kreis, oder eine sich ausfaltende Rose, oder
besser ein stäubendes Rosa, das sich zu einem

Kreis verteilte. Darunter dunkelte die Landschaft, das einzig Helle waren die strohfarbenen Felder, weite Erstreckungen feuchten Strohs. Eine strohfarbene Landschaft, mistfarben, ein großer eisiger Pferdestall. Und darüber dort, über ihr, ... ein einziger, kristallener Stern ..., ein Stern in einem Stall. Unten dieses feuchte Dunkel, holz- und strohfarben, diese Dämpfe, wie sie vom Kot des Viehs aufsteigen (der Winter, die Armut), und oben jenes magische Leuchten, die die Worte Gold und Rosa verraten, weil sie es erstarren lassen, und weil sie ihm Bilder gesellen, die nur am Rande zutreffen ... Denn die *Dinge* sind solcherart, Erde und Himmel, Gewölke, Ackerfurchen, Strauchwerk, Sterne; nur die Dinge verwandeln sich in sich selbst: sie sind keine Symbole, ganz und gar nicht, sie sind die Welt, in der wir atmen, in der wir sterben, wenn der Atem versagt ...

Das Unmittelbare: ja, daran will ich mich halten, als die einzige Lehre, der es in meinem Leben gelungen ist, dem Zweifel standzuhalten.«

*

Friedhelm Kemp sagte, Philippe Jaccottet habe anhand deutscher Übertragungen Skácel ins Französische übersetzt. Ein Umweg, den die Poesie großer Dichter kleiner Völker geht, um in die Welt zu gelangen. Ist Skácel erst einmal zur Kenntnis genommen, wird sich ein Franzose finden, der ihn direkt aus dem Tschechischen übersetzt. Ob es jedoch noch einmal ein Dichter wie Philippe Jaccottet sein wird ...

29. Oktober

Major Stange, Ministerium für Staatssicherheit, maß
»Huchel als Schriftsteller keine Bedeutung« bei, die
Abuschs, Kurellas und Gotsches in der Ost-Berliner
Akademie der Künste wollten ihn eben wegen seines
Talents und Niveaus zur Strecke bringen, wie Hans
Dieter Zimmermann schreibt, und ein westdeutscher
Dichter stellte nach Huchels Übersiedlung in die
Bundesrepublik Anfang der siebziger Jahre apodik-
tisch fest, »daß die Bedeutung dieses Dichters mehr
von zeitgeschichtlicher als von künstlerischer und
psychologischer Beschaffenheit ist«. Gefragt nach
der »deutschen Literatur«, sagte unlängst Joseph
Brodsky: »Wissen Sie, wer mir unheimlich gefällt?
...Huchel, ein großartiger Dichter, wie ich finde.«

30. Oktober

Horst Drescher: »... ich pfeife sowas durch die
Schreibmaschine für Dich zum Tagesausklang, so ein
Abhusten der Seele... Manchmal denke ich, wenn
ich Symposium-Protokolle lese, wenn ich die Bilder
der Disputierer besehe, in langen Stuhlreihen, und
alles markante Köpfe... Da denke ich: Was für eine
Verwahrlosung!... Wie verwahrlost das Feld der literarischen Kunst, aber man sagt: Das ist die Moderne, und keine Verwahrlosung, die Verwahrlosung
ist unsere Form der Klassik, der Mona Lisa einen
Schnurrbart anmalen, es ist unser Beitrag zur Welt-
kunst, und damit stehen wir über Leonardo!... Und
eines Tages haben die Menschen die Verwahrlosung

satt. Und dann werden es nicht nur Kinder sein, die rufen, daß der Kaiser nischt an hat, viele Rufer haben dann abgeschlagene Flaschen in der Hand. Dann wird es zu spät sein, zum Ankleiden.«

*

Brief-Rückseite: Fotokopie aus dem »Jahrmarktbüchel *Vom alten Görgel*«, 18. Jh.: »G ... Wer bey Hofe fortkommen will, der muß jedermann gute Worte geben, und es doch mit niemanden gut meinen. Er muß dem Fürsten immer etwas neues sagen, und andere Hofleute verleumden, damit er sich in die gröste Gnade setzen möge. Er muß alle Gläser Bescheid thun, welche ihm zugebracht werden, wenn er auch schon in die abscheulichste Völlerey darüber gerathen solte. Er muß andern zu gefallen die Zeit mit unnützen und sündlichen Dingen zubringen. Er muß den Gottesdienst oftmals versäumen, damit er die Zeit mit allerhand nichtigen Eitelkeiten und Ergetzungen anwenden möge. Mit einem Worte: Er muß ein Leibeigener der Menschen seyn, damit er ein Feind GOttes seyn möge. Ist dieses denn nicht ein elendes Leben, oder vielmehr ein lebendiger Tod? – P. Es kömmt dir nur also vor, weil du es noch nicht probiret hast. Dargegen würde es vor mich ein todtes Leben seyn, wenn ich in einer einsamen Hütte sitzen und spinnen solte.«

3. November
Sarah Kirsch wurde in die Akademie der Künste Berlin gewählt und hat die Wahl abgelehnt.

4. November
Innerhalb der »endlos ausgedehnten Zwangsläufigkeit des physischen Universums« habe zum ersten Mal ein »Prinzip der Freiheit« aufgeleuchtet, als sich »lebende Substanz« aus der physikalischen Welt herauslöste; *Stoffwechsel* sei »die erste Form der Freiheit«. So Hans Jonas in seinen »Philosophischen Untersuchungen und metaphysischen Vermutungen«. Das Masseteilchen sei »einfach und ohne sein Zutun, was es ist, unmittelbar mit sich selbst identisch und nicht gehalten, diese Selbstidentität als Akt seines Seins zu behaupten«, während die lebende Substanz »ihre eigene Identität... von der ihres zeitweiligen Stoffes« unterscheide, sich der Welt also gegenüberstelle und damit ein »Verhältnis prekärer Unabhängigkeit gegenüber derselben Materie« eingehe, die für ihre Existenz unentbehrlich ist. Jonas sieht im Stoffwechsel die »Antinomie der Freiheit... in ihrer elementarsten Form«. Solange er *ist,* könne er »nicht unterlassen zu tun, was er kann«. Mit der Selbstisolierung des Lebens als solchem vom Rest der Wirklichkeit sei das »Nichtsein... als eine im Sein enthaltene Alternative« in die Welt gekommen.

Einer der frappierendsten philosophischen Gesichtspunkte, unter denen das Organische bisher betrachtet worden ist. Jonas tastet sich an diesem fun-

damentalen Freiheitsbegriff – er selbst nennt ihn den
»Ariadnefaden für die Deutung dessen . . ., was wir
›Leben‹ nennen« – hin bis zum Menschen, dem als
Bürde *seiner* Freiheit zusätzlich zur physischen Notwendigkeit die Verantwortung auferlegt sei. Die Tatsache, daß der Mensch Verantwortung haben *kann,*
bedeute bereits das »Unterstelltsein unter ihr Ge-
bot«. Jonas: »Das Können führt mit sich das Sollen.«

Hier beginnen die metaphysischen Überlegungen.
Kein biologischer Imperativ verbiete den physischen
Selbstmord der Gattung, sagt Jonas, und die Frage,
warum der Mensch überhaupt sein soll, lasse sich nur
metaphysisch beantworten. Die Tatsache, daß der
Mensch Verantwortung haben kann, sei nicht nur ein
empirischer Befund, sondern ein *Wert,* dessen Erscheinen in der schon an Seinswerten reichen Welt
alles Bisherige übertreffe, und da der Mensch das
einzige uns bekannte Wesen ist, dem Verantwor-
tungsfähigkeit zuteil wurde, sei er verpflichtet, dafür
zu sorgen, daß sie nicht wieder aus der Welt verschwinde. Selbstverständlich sei dieser Schluß »an
gewisse unbewiesene, axiomatische Voraussetzun-
gen gebunden: nämlich, daß Verantwortungsfähig-
keit an sich ein *Gut* ist, also etwas, dessen Anwesen-
heit seiner Abwesenheit überlegen ist; und daß es
überhaupt ›*Werte an sich*‹ gibt, die im Sein verankert
sind – daß letzteres also *objektiv* werthaltig ist«. An-
erkenne man dies, impliziere der Schluß das Verbot
der seelischen Verödung.

*

Hans Jonas zum Phänomen »Allmacht«: »Es folgt aus dem bloßen Begriff der Macht, daß Allmacht ein sich selbst widersprechender, selbstaufhebender, ja sinnloser Begriff ist. Es steht damit wie im menschlichen Bereich mit der Freiheit... Die Abscheidung vom Reiche der Notwendigkeit entzieht der Freiheit ihren Gegenstand, sie wird ohne ihn ebenso nichtig wie Kraft ohne Widerstand. Absolute Freiheit wäre leere Freiheit, die sich selber aufhebt. So auch leere Macht, und das wäre die absolute Alleinmacht. Absolute, totale Macht bedeutet Macht, die durch nichts begrenzt ist, nicht einmal durch die Existenz von etwas anderem überhaupt, etwas außer ihr selbst und von ihr Verschiedenem. Denn die bloße Existenz eines solchen anderen würde schon eine Begrenzung darstellen, und die eine Macht müßte die andere vernichten, um ihre Absolutheit zu bewahren. Absolute Macht hat dann in ihrer Einsamkeit keinen Gegenstand, auf den sie wirken könnte... Damit sie wirken kann, muß etwas anderes da sein, und sobald es da ist, ist das eine nicht mehr allmächtig, obwohl seine Macht bei jedem Vergleich beliebig hoch überlegen sein kann.«

5. November

Noch eine *unerhörte* Messe gehört: Missa »Et ecce terrae motus« für zwölf Stimmen von Antoine Brumel (um 1460 bis nach 1520). – Der Komponist Eloy d'Amerval beschreibt seinen Zeitgenossen Brumel als einen der Großen, die das Paradies erheitern mit

»neuen, süßen, angenehmen, frommen und schönen Klängen«. Eine Kopie der Messe fand sich mit handschriftlichen Eintragungen Orlando di Lassos in der Bayerischen Staatsbibliothek, und das Agnus Dei II, das in dieser Handschrift fehlt, »wurde wie durch ein Wunder in einem Manuskript aufgefunden . . ., das im 16. Jahrhundert in Dänemark verwahrt worden war« (Paul van Nevel). – Das Werk ist ein langes hohes spätgotisches Gewölbe aus Tönen.

7. November
Christoph Perels zu Sarah Kirschs Gedicht »Eine Schlehe im Mund komme ich übers Feld«: »Eines noch spricht das Gedicht zum Leser, das sich sonst bei Sarah Kirschs poetischen Texten nicht findet: ein Datum . . ., das . . . den Jahrestag des Todes von Johannes Bobrowski (gest. 2. 9. 65) bezeichnet. In einem Druck von 1967 bildet das Gedicht mit zwei anderen den kleinen Zyklus ›Drei Gedichte für Johannes Bobrowski«. Die Bitternis der Schlehe: Schmerz um einen Geliebten, um einen Toten, um einen Dichter. Und der Mund: auch der, der *sprach,* der Mund eines Dichters. Erzählt das Gedicht nicht auch die Geschichte eines Einsamwerdens, nachdem einer von den Wenigen, die Sarah Kirsch etwas bedeuteten, dahingegangen ist?«

Hätte ich im Inhaltsverzeichnis die Widmung entdeckt, wäre die von mir entdeckte Geschichte unentdeckt geblieben.

8. November

Solange Heime für Asylsuchende überfallen werden, soll jeden Samstagabend eine Schriftstellerin oder ein Schriftsteller in einem dieser Heime lesen – vor deutschen Zuhörern und Asylbewerbern, die des Deutschen mächtig sind. Beginnen soll die Aktion in allen sechzehn Bundesländern gleichzeitig am morgigen Abend, an dem sich die Reichskristallnacht von 1938 jährt. Initiatorin der Lesungen ist die Else-Lasker-Schüler-Gesellschaft.

Der Reporter des ARD-Fernsehmagazins »Kulturreport« fragte im Tonfall der Unterstellung, ob da nicht nur ein paar Schriftsteller ihr *schlechtes* Gewissen beruhigen und auf dem Rücken von Asylsuchenden von sich reden machen wollten . . .

Nie hatte das Niederträchtige im Menschen eine solche meinungsbildende Macht wie heute.

9. November

Mir ist ein steinewerfender Deutscher fremder als jeder friedfertige Fremde.

Aber auch die Behauptung, die heutigen Deutschen seien eben doch die Nachkommen der Nationalsozialisten, ist ein Steinwurf – ein Steinwurf gegen ein Volk.

Augenlicht, Augenmaß. Für beides.

12. November

»Morgenpost«, Leipzig (namentlich gezeichnet):
»Gestern war K. im Leipziger Pfeffermühlen-Club
zu Gast. Alle politischen Fragen der 50 Gäste wie-
gelte er ab...« Die Veranstaltung war eine Live-
Sendung des Mitteldeutschen Rundfunks – Lesung,
Gespräch mit dem Moderator und Musik –, in der
kein Zuhörer eine Frage stellen konnte. Die »Morgenpost« weiter: »K. stellte ... seine neuen Texte
›Was euch gefällt‹ vor.« Das Buch, dem die neuen
Texte entnommen waren, heißt »Wohin der Schlaf
sich schlafen legt.« Der Tenor des Artikels ist wohl-
meinend. Ginge es nicht wenigstens in *diesem* Fall
mit der Wahrheit?

14. November

Horst Sauerbruch, München: »Im Sommer war ich
mit den Studenten in Naumburg, letztes Jahr in Dresden, und gerade komme ich ... von einer Fahrt mit
Studenten aus Falken im Werratal zurück. Als wir im
Sommer dort mit dem Fahrrad vorbeikamen, sahen
wir, wie mühsam einige Männer des Dorfes ihre vierzig Jahre lang verfallene barocke Dorfkirche zu ret-
ten begannen. Sie schaufelten die Erde im Kirchen-
schiff auf, um die Feuchtigkeit herauszubringen. Da
versprachen wir, wiederzukommen und mitzuhelfen.
Das haben wir soeben getan und außen eine ganze
Kirchenseite aufgegraben, tief, Schädel und Scher-
ben kamen uns entgegen, aber der Sinn war, eine
Drainage zu legen, um den Regen abzuleiten. Du

glaubst nicht, wie meine Studenten gegraben, gemei-
ßelt und geschafft haben. Das ganze Dorf hat ge-
staunt... Auch ein Schritt zu ganz kleiner und ganz
eigener Zusammenführung.«

15. November

Glenn Gould-Edition: Sonatine für Klavier fis-Moll,
op. 67, Nr. 1, von Jean Sibelius. Eine kaum bemerkte
kleine Brücke zur Moderne. Schon der erste Akkord
wird zum Pfeiler. Das Gehör ist ganz Erwartung und
stürzt nicht ab.

17. November

Ein erstes Schiff auf der Donau gesichtet, das den
Main-Donau-Kanal passiert hat: Altea, Antwerpen.

18. November

Am Sonnenhang. Fotografen und Kameraleute, die
in meinem Arbeitszimmer einen Hintergrund für
ihre Aufnahmen zu finden hoffen, sind enttäuscht, ja
irritiert. Sie erwarten ein Chaos von Büchern und
Papieren. Sie wissen nicht: Das, was ich schreibe, ist
so winzig, daß ich es auf einem von Büchern und
Manuskripten überbordenden Schreibtisch nicht
wiederfinden würde.

Über den Fernsehschirm von Paula W., die wir am
Sendetag kurz vor Mitternacht belästigen müssen,
erfahre ich dann, daß mein Schreibtisch »peinlich

sauber« sei und in meinem Zimmer »preußische Ordnung« herrsche. Doch Ordnung bedeutet Zeit, und Zeit Freiheit – in Bayern wie in Preußen.

Und was die Fernsehleute ebenfalls nicht wissen: Ein Schreibtisch unterliegt Stimmungen. Er kann abweisend sein bis zur Unhöflichkeit, ja unnahbar, und andererseits kontaktfreudig, ausgesprochen *aufgeräumt*.

19. November

Am 3. Oktober riefen in Dresden Jugendliche öffentlich »Juda verrrecke!«, und nun bedauerte einer vor der Kamera, daß nicht noch mehr Juden vergast worden seien. Warum werden diese Äußerungen nicht sofort strafrechtlich geahndet? Die Schande ist unerträglich.

23. November

E. kam aus der Praxis nach Hause und sagte: »Heute hat eine Mutter zu mir gesagt: ›San Sie liab zu den Kindern, Sie san so liab!‹« Sie strahlte. Seit fünfunddreißig Jahren ist E. »liab« zu den Kindern. Also haben wir beide gestrahlt.

*

E. gibt die Praxis auf.

24. November
Bisher brutalster Anschlag auf Ausländer: Eine türkische Frau und zwei türkische Mädchen verbrannten, andere wurden verletzt.

25. November
Die Herausgeber einer Anthologie indianischer Poesie rühmen sich, die Gedichte »nicht einfach nach
Autoren« geordnet zu haben. Die Stimmen der einzelnen Dichterinnen und Dichter unterscheiden zu
lernen, wäre zwar für jene unverzichtbar, die die
indianische Poesie kennenlernen wollen, aber nach
Lektüre der sechsundzwanzig Zwischentitel der Anthologie ahnt man, daß die Herausgeber gern auch
auf die Poesie selbst verzichtet hätten. Die Schwierigkeit hatte wohl darin bestanden, daß sich die poli-
tisch-soziologischen »Aussagen« der Gedichte ohne
die Gedichte selbst nicht hatten publizieren lassen.

Von den insgesamt hundertsechzig Texten der
Sammlung sind sechs Liebesgedichte (arme indianische Schwestern und Brüder!), und diese Liebesgedichte sind abgedruckt unter dem Zwischentitel »Die
Indianer heute« (man fragt sich, wie es zu den India-
nern von heute gekommen ist, wenn ihre Vorfahren
nicht geliebt haben; aber vielleicht lautet eben deshalb der Untertitel »Leben im Widerspruch«). Zu-
sammengefaßt wurden die Liebesgedichte unter dem
Unter-Untertitel »Zwischenmenschliche Beziehungen«.

27. November
Buchhändler H.: Sei im Fernsehen ein Spielfilm gelaufen und Kunden sähen kurze Zeit später im Laden
das verfilmte Buch, sei das Erstaunen groß: »Sie
haben schon das *Buch zum Film?!*«

28. November
Nun ist die Schlagermusik auch bei Fauré fündig
geworden – in seinem Requiem. Aus dem tröstlichen
»In paradisum« hat sie die Sterne herausgeschlagen,
ohne für sie einen Himmel zu haben.

1. Dezember
Für die erste Hälfte 1993 die sechzigste Veranstaltung zugesagt, die endgültig letzte bis zum Sommer –
eine Schullesung. (Schwacher Trost für jene Schüle-
rinnen und Schüler, die an einer Autorenlesung teilnehmen müssen, obwohl sie lieber etwas ganz anderes täten: Ich lese *ihnen* ebenso ungern vor, wie sie
mir zuhören.)

3. Dezember
Unaussprechliche Grausamkeiten – die Dolmetsche-
rin habe abrupt abgebrochen und gesagt, das könne
sie nicht mehr übersetzen – wurden und werden in
serbischen Frauen-Gefangenenlagern begangen. Die
moslemischen Frauen und Mädchen, die überleben,
werden bis zum sechsten Monat der Schwangerschaft

festgehalten, um einen Abbruch unmöglich zu machen. Man spricht von »systematischer Massenschwängerung« als Teil der Kriegsstrategie (ethnische Zersetzung) und nennt Zahlen, die in die Zehntausende gehen.

6. Dezember
Enkel-Advent.
　　»Erzählst du uns was?«
　　»Und was?«
　　»Von deinem Großvater...«

　　*

Sonne auf dem Brot
Mein Großvater war ein Steinkohlenbergmann, der tausend Meter tief unter der Erde arbeitete. Morgens, wenn die Sonne aufging, fuhr er ins Bergwerk ein, und abends, wenn sie unterging, fuhr er aus, sechs Tage in der Woche – vierzig Jahre lang. Einer der schönsten Augenblicke seines Lebens sei gewesen, als er nicht mehr habe einfahren müssen und an einem Wochentag plötzlich Sonne auf dem Brot gehabt habe.

Kühe hüten
Mit den Kühen, die mein Großvater für einen Bauern hütete, hütete er auch mich. Ich sah das jedoch anders: Ich mußte unbedingt mit auf die Weide, um meinem Großvater zu helfen.
　　Ob es regnete oder ich nur spielte, daß es regnet –

ich hatte eine ganze Herde Dächer bei mir: Ich stellte mich bei einer Kuh zwischen Euter und Hinterbein unter. In dieser Höhlung roch es nach Stall, und es war angenehm warm. Die Kuh – es war meist dieselbe – ließ sich durch mich nicht stören. Sie blickte sich nur ab und zu nach mir um, und dann graste sie weiter. Wenn sie einen Schritt tat, mußte ich ihn mittun. Die Füße wärmte ich mir in frischen Kuhfladen.

Stöcke roden

Manchmal rodete mein Großvater Baumstümpfe. Zuerst hieb er sich aus Hartholz Keile zurecht, und dann schlug er einen Spalt in den Baumstock, bis die Axt sich einklemmte und er sie nicht mehr herausziehen konnte. Da durfte ich ihm den ersten Keil bringen, und unser Spiel begann.

»Rrreiß aus!« rief er.

Ich lief ein paar Schritte davon und blieb stehen.

»Weiter!« rief er.

Nach ein paar Metern blieb ich wieder stehen.

»Noch weiter!« rief er, und ich lief noch ein paar Schritte davon. Schließlich spuckte er in die Hände, umfaßte den Stiel des riesigen Vorschlaghammers und trieb den Keil in den Spalt, bis sich die Axt gelockert hatte.

Am Abend waren wir beide sehr müde, mein Großvater vom Stöckeroden, ich vom Davonlaufen.

Das Ei

Auf dem Heuboden eines Bauern, für den mein Großvater Brennholz spaltete, fand ich ein Hühnerei. Freudig lief ich zu meinem Großvater. Er nahm das Ei und brachte es der Bäuerin ins Haus. Als er wieder herauskam, sagte er nur: »Mir sei ehrliche Leit!«

Scheite schichten

Damals habe ich gelernt, wie man Holzscheite aufeinanderschichtet, ohne eine Wand zu haben, an die man den Stapel anlehnen kann. Man legt die Scheite auf der Erde zu einem großen mehrfachen Ring und füllt ihn bis fast zur Mitte mit Holzstücken aus. Die Scheite der jeweils nächsten Schicht schiebt man ein wenig weiter nach innen, so daß die Ringe, je höher der Stapel wächst, immer kleiner werden. So entsteht ein großer Kreisel, der mit der Spitze nach oben zeigt, und wenn der Wind auch noch so peitscht, kann er mit ihm nicht spielen.

Spielplatz

Einer meiner beliebtesten Spielplätze war der Kopf meines Großvaters. Sein Haar war gelblich weiß und kurzgeschnitten zu einem Igel. Ich saß auf seinen Knien, er hielt den Kopf nach vorn gebeugt, und ich stellte meine Holzbüffel in das weiße Steppengras oder galoppierte mit dem Pferd von einem Ohr zum anderen. Ich glaube, er hat es genossen, wenn ich auf seinem Kopf spielte, denn er hatte niemanden, der ihn kraulte.

Das böse Pferd

Mein Großvater mochte Tiere, und ich bin sicher, die Tiere haben das gespürt. Im Ersten Weltkrieg, als die Kanonen noch von Pferden gezogen wurden, kam eines Tages der Bataillonstierarzt zu ihm und sagte, es sei bekannt, daß er auch mit schwierigen Pferden umzugehen verstehe – ob er sich zutraue, ein Pferd zu übernehmen, das ausschlage und beiße, als sei es der leibhaftige Teufel? Wenn nicht, müsse man es töten. Mein Großvater sagte »Zu Befehl!«, und das Pferd wurde auf den Platz geführt. Es war ein Apfelschimmel. Das erste, was mein Großvater tat, war, das Wort an ihn zu richten. »Bist du ein schönes Tier!« sagte er zu dem Pferd. »Nein, was für ein schönes Tier du bist!« Der Tierarzt und die Soldaten der Batterie standen in sicherer Entfernung und warteten ab. Wieder und wieder ging mein Großvater um das Pferd herum, und als er meinte, lange genug mit ihm gesprochen zu haben, stellte er sich direkt vor das Maul des Pferdes und rührte sich nicht mehr. Da begann das Pferd, ihm das Gesicht abzulecken, und auf dem Platz wurde es ganz still. Schließlich bekam es noch beide Hände hingehalten, und auch sie wurden abgeleckt. Von diesem Tag an habe ihm der Schimmel jeden Morgen Gesicht und Hände »gewaschen«, sagte mein Großvater. Beißen? Treten? Jeden Fremden – ja, nie aber ihn. »Im Schweiß ist nämlich Salz«, sagte er, »und das mögen die!«

Sündenspruch

Auf die Frage »Was darf der Mensch nie tun?« wollte mein Großvater hören:

Lügen, stehlen,
Tiere quälen.

Die goldene Uhr

Wenn wir, mein Großvater und ich, allein waren, fragte er manchmal: »Wollen wir die Uhr anschauen?« Dann gingen wir in die Dachkammer nebenan, und er schloß die große dunkelgraue Holztruhe auf, in der unter allerhand Stoffkram die Uhr verborgen war – eine goldene Taschenuhr mit Springdeckel und breiter goldener Kette. Wenn ich groß sei, sagte mein Großvater, werde er sie mir schenken. Jedesmal wurde die Uhr poliert und aufgezogen, und ich durfte sie ans Ohr halten und hören, wie sie tickte.

Am Morgen meiner Konfirmation, als ich zum ersten Mal einen Anzug mit langen Hosen trug, ging die Uhr in meinen Besitz über. Sie sei das einzige Wertstück, das er je besessen habe, sagte mein Großvater. Er selbst habe sie nie getragen – für diesen Tag.

Irgendwann später studierten wir auf der Oberschule das Theaterstück »Nachtasyl« von Maxim Gorki ein, und ich spielte den Wirt. Ob ich nicht eine Uhrenkette hätte, die ich mir über den Bauch hängen könnte, fragte der Russischprofessor. Ich brachte nicht nur die Kette, sondern auch die Uhr mit zur Probe, und als ich nach einem Kostümwechsel in die Garderobe zurückkehrte, waren Uhr und Kette verschwunden.

Mein Großvater hat es nie erfahren, er wäre sonst vielleicht früher gestorben.

Das Ende der Kindheit

Als am Ende des Zweiten Weltkrieges die amerikanischen Truppen anrückten, feuerten sie auf den sechzig Meter hohen Schornstein des Deutschland-Schachtes eine Granate ab, die ein Loch in die Schornsteinwand schlug, ohne an der anderen Seite wieder auszutreten oder den Schlot einstürzen zu lassen. Das war ein Meisterschuß gewesen. Mit einer einzigen Granate hatten sie das Bergwerk stillgelegt, und wenn sie es erobert haben würden, brauchte nur das Loch zugemauert zu werden.

Mein Großvater, Kanonier im Ersten Weltkrieg, konnte sich nicht vorstellen, daß man mit einer Kanone so genau zielen kann. »Das kann kein Mensch!« sagte er. Er zeigte zum Himmel. »Die Strafe«, sagte er, »jetzt kommt die Strafe!« Und plötzlich rief er: »Dieser Verbrecher!«

»Wer?« fragte ich.

Das war das Ende meiner Kindheit. Zum ersten Mal sprach mein Großvater mit mir über Politik.

7. Dezember

Österreichischer Rundfunk, Sendereihe »Menschenbilder«, 6. 12. *Isolde Ahlgrimm:* »Wenn Sie am Klavier einen falschen Ton erwischen, dann . . . streifen Sie ihn so . . . naja, man weiß nicht, war das jetzt richtig, war das nicht richtig. Das Cembalo ist unerbittlich, weil jeder Nebenton, der nicht dazugehört, genauso laut klingt wie der richtige Ton . . . Das Cembalo steht da . . . na, ich will nicht sagen, wie . . . es hat nicht einmal ein Nachthemd an . . . Sie können absolut nichts verheimlichen . . ., da muß . . . alles wirklich ganz, ganz ehrlich sein . . . Ich möchte fast sagen: Man wird selber ehrlich, wenn man dieses Instrument pflegt.« Selbst die Stimme der betagten Dame hatte den Klang eines Cembalos.

*

Allein um eines Rundfunks willen, der sich eine Sendereihe leistet wie »Menschenbilder«, muß Österreich behütet werden.

8. Dezember

S. berichtete von einer begnadeten Flötistin, die während des Spiels zwischen drei verschiedenen Flöten wechselt und nicht nur die Töne, sondern auch die Geräusche beherrsche, was die Möglichkeiten des musikalischen Ausdrucks erweitere . . . Vielleicht weiß ich die Erweiterung der musikalischen Ausdrucksmöglichkeiten nicht genug zu schätzen, aber ich habe sie nie für unwichtig gehalten, und ich würde die Flötistin, wäre es mir vergönnt, sie zu hören, gewiß bewundern. Wie würde ich es jedoch begrüßen, wenn jemand dieser erweiterten Möglichkeiten bedürfte, weil ihm *Musik* einfällt – und welche Möglichkeiten hätte die Flötistin dann!

9. Dezember

»Die Melodie gehört zu den erhabensten Geschenken, die eine unsichtbare Gottheit der Menschheit gemacht hat«, schreibt Richard Strauss. »Der melodische Einfall, der mich plötzlich überfällt, auftaucht, ohne daß eine sinnliche Anregung von außen oder eine seelische Emotion vorliegen, erscheint in der Fantasie unmittelbar, unbewußt, ohne Einfluß des Verstandes... Das Motiv ist die Sache der Eingebung... In der Entfaltung des Einfalles aber zeigt sich erst die wahre Kunst... Melodien bauen ist eines der schwersten technischen Probleme. Ich lasse sie abliegen und warte, bis die Fantasie bereit ist, mir weiter zu dienen. Das kann lange dauern, sehr lange. Eine Melodie, die aus dem Augenblick geboren scheint, ist fast immer das Ergebnis mühevoller Arbeit, langen Nachdenkens bei größerer Muße oder gefördert durch seelische Erregung. Manchmal fließt die Produktion sehr schwer, manchmal ist die Eingebung im Augenblick da... Wenn ich des Abends beim Komponieren an einer Stelle stecke und trotz eifrigen Nachdenkens keine ersprießliche Weiterarbeit mir möglich scheint, klappe ich Klavier und Skizzenblock zu, lege mich schlafen, und am Morgen ist die Fortsetzung da! Durch welchen geistigen oder physischen Prozeß?«

Immer wieder fragen Menschen, wie ein Gedicht entsteht. So, würde ich sagen, genau so wie eine Melodie.

10. Dezember

Jewgenija Albaz, Moskau 1991:

Der General [Generalmajor Wladimir Prowotorow, Militär-Oberstaatsanwalt] öffnete ... eine
vergilbte Archivakte und verlas folgendes Dokument: »Bojarski ermittelte gegen die Lehrerin Fa-
tima aus dem Alagiro-Ardonski-Bezirk, die nach
seiner Meinung eine Sozialrevolutionärin war ...
Er ließ sie lange Zeit in seinem Arbeitszimmer
stehen ... Trotzdem stritt sie ihre Schuld ab ...
Durch das lange Stehen war ihr Körper geschwol-
len, sie hatte keine Kraft mehr und brach oft zusammen. Bojarski wies uns an, sie an die Wand zu
binden ... Er selbst legte der Verhafteten Hand-
schellen an und befahl uns, ihre gefesselten Hände
mit einem Strick an einem Haken in der Wand zu
befestigen. Außerdem schlug er uns vor, einen
Strick unter die Arme der Verhafteten zu schlin-
gen und ihn ebenfalls an einem Haken in der Wand
zu befestigen. Danach packte Bojarski ihre Zöpfe
und band sie an einem Nagel fest, damit ihr Kopf
nicht auf die Brust oder zur Seite, auf die Schultern, fallen konnte ... Von Zeit zu Zeit kam Bojarski herein ...: ›Du bleibst hier hängen, bis du
krepierst, oder du sagst aus.‹ Allmählich schien
die Inhaftierte dem Wahnsinn nahe, sie stöhnte,
anfangs laut, dann immer leiser. Gegen vier oder
fünf Uhr morgens starb sie. Etwa eine halbe
Stunde vor ihrem Tod hob sie den Kopf und flü-
sterte: ›Du kannst deinem Chef sagen, daß ich

sterbe und daß er von mir keine Lügen über mich zu hören bekommt.‹« . . .

»Das ist eine Lüge, sie haben mich diffamiert!« Bojarskis Stimme überschlug sich.

Prowotorow nahm einen weiteren . . . Ordner zur Hand, schlug ihn auf und wandte sich an die Versammelten. »Das sind die Verhörprotokolle, sehen Sie.« Er wendete ein Blatt nach dem anderen um. »Jedes Blatt ist mit Bojarskis Unterschrift versehen. Bojarski, erkennen Sie Ihre Unterschrift?« Bojarski schwieg.

. . . »Warum ist Bojarski nicht vor Gericht gestellt worden?« In einer der hinteren Reihen erhob sich ein . . . junger Mann. ». . . Wieviel Bestien wie ihn gibt es noch?« Es bereitete ihm Mühe, das Wort »Bestien« auszusprechen.

(. . .)

Warum hat man diese Menschen nicht vor Gericht gestellt? – Weil man sie noch brauchte! Man brauchte sie als Fachleute, die unter einem anderen Dach für den KGB tätig waren. Für Bojarski hatte man die Akademie der Wissenschaften gewählt . . .

Einige Leute . . . observierten führende Persönlichkeiten des Landes und machten selbst vor Gorbatschow, Jakowlew und Schewardnadse nicht halt . . . Als Jakowlew einmal mit Kalugin sprechen wollte, trafen sich beide auf einer verkehrsreichen, lauten Straße im Moskauer Zentrum. Trotzdem wurde ihr Gespräch von zweiundsiebzig KGB-Mitarbeitern, die sich mit versteckten Mikrophonen unters Volk mischten, mitgeschnitten.

(...)

Daher zerschlugen die Länder, die sich von dem totalitären Regime wirklich trennten, zuallererst die alten Strukturen der Staatssicherheit...

Ich meine, die Archive und Dossiers müssen der Öffentlichkeit zugänglich gemacht werden, so schmerzlich das sein mag.

11. Dezember
München, Gespräch über Kunst und Kirche. Verhandelt wurde u. a. das Gedicht »In den Highlands«:

Einmal, noch vor erschaffung des menschen,
versuchte sich gott als kupferschmied

So entstand
der herbst in den Highlands

Dann verließ gott die einsamen berge für immer

Er war noch jung,
aber schon gott

In den kesseln
blieb ewiges wasser zurück

Du kannst die geduld wiederfinden,
die gott hier verlor

Eine Stimme: »Ich muß jetzt einmal brutal sein. In mir kommt Wut auf, wenn jemand unseren Gott in sein Gedicht bringt . . . Soll er doch irgendeinen griechischen nehmen, einen schönen Götterjüngling, aber nicht unseren Gott!«

Ich dachte: Wenn jemand sagt »*unser* Gott«, kann dieser Gott doch nicht *Gott* sein . . .

12. Dezember

Redaktion der Schülerzeitung »Das Nashorn«, Schule Grolland, Bremen: »Schreiben Sie uns einen Vierzeiler über das Nashorn?«

Scherzo für Nashorn

Das Nashorn ist
ein Nashornist,
der sich nie trennt
vom Instrument.

13. Dezember

Anfang Februar 1992: Telefon-Interview mit der Tageszeitung »Super!«. Die Redakteurin hatte sich mit einer Empfehlung von Dr. W., München, eingeführt, so daß ich ihr vertraute. Leider schnitt sie das Interview weder mit, noch stenografierte sie. (An einer Stelle sagte sie: »Wie war das, was Kunert gesagt hat? Das muß ich mir gleich ein bißchen aufschreiben.« Sie bat um langsames Diktat.)

11. 2. Brief an Walter Jens: ». . . heute wurde mir

die Zeitung ›Super!‹ . . . zugeschickt. Die Äußerung ›Mit Walter Jens und Hermlin an einem Tisch – das würgt mich!‹ habe ich nicht getan. Auch mehrere andere, als wörtliche Rede wiedergegebene Äußerungen stammen nicht von mir . . . Es tut mir leid.«

18. 3. Bei einer Begegnung im Berliner Reichstag bestätigt mir Walter Jens, den Brief vom 11. 2. erhalten zu haben.

3. 7. Walter Jens in einem Interview (jetzt in Buchform vorliegend): »Sehen Sie, wenn ein Dichter wie Reiner Kunze in der bedeutenden, nun eingestellten, Zeitung ›Super!‹ schreibt: ›Mit Hermlin und Jens an einem Tisch, das würgt‹, dann erübrigt sich jeder Kommentar.«

15. Dezember
Am Sonnenhang. In der »Anordnung über Regelungen im Reiseverkehr von Bürgern der DDR« vom 14. Juni 1973 hieß es: »Bürgern der DDR, die das gesetzliche Rentenalter erreicht haben . . ., kann . . . die Ausreise aus der DDR nach nichtsozialistischen Staaten und Westberlin zum Besuch ihrer Verwandten genehmigt werden.« Nach unserer Übersiedlung in die damalige Bundesrepublik schrieben unsere Freunde M. und H. aus Sachsen, es dauere ja nur noch achtzehn Jahre, bis wir wieder eine Tasse Tee miteinander trinken könnten. Um in der Zwischenzeit symbolisch anwesend zu sein, schickten sie uns zwei Tassen ihres Teeservices.

Heute könnten sie bei uns am Tisch sitzen, aber wir

finden nicht die Zeit, Tee mit ihnen zu trinken. Doch im Unterschied zu manchen, die selbst dann, wenn es möglich wäre, unbegrenzt fremde Leben in das eigene einzubeziehen, keinerlei Anspruch darauf hätten, in unser Leben einbezogen zu werden, erweisen sich die Freunde auch in dieser Not als Freunde.

Nur darf mein Blick nicht auf die beiden Tassen fallen.

16. Dezember

Joseph Brodsky: »Das ganze christliche System, insbesondere was Christus betrifft und das, was mit ihm geschah, das ist einfach ein hervorragendes Paradigma, dessen du dich in deinem Werk bedienst. Es taugt für die unterschiedlichsten Situationen. Das gilt auch für die Bibel insgesamt, also das Alte Testament. Das sind gewissermaßen archetypische Situationen, die deine Vorstellungen erweitern.«

17. Dezember

Jede Übersetzung eines Skácel-Gedichtes, die einem Kollegen glückt, erleichtert mich, und wenn dem Kollegen ein kongenialer Einfall zu Gebote stand, werde ich ihn feiern.

Doch wenn ich lese, daß Jan Skácels postum erschienener Gedichtband im Deutschen unter dem Titel »Und nochmals die Liebe« erscheinen wird, werde ich ungehalten. Im Tschechischen lautet der Titel nicht »A ještě jednou láska«, sondern »A znovu láska«, also »Und *von neuem* die Liebe«. Der Unterschied von »nochmals« und »von neuem« ist in diesem Fall aber so gravierend, als hätte der Übersetzer »Morgendämmerung« mit »Abenddämmerung« übersetzt, und im Titel eines Buches gewinnt das Wort programmatische Bedeutung. – Ein anderer Übersetzungsband mit Skácel-Gedichten nennt sich »Ein Wind mit Namen Jaromír«, als gäbe es eine Anzahl von Winden, die Jaromír heißen, und Skácel meine irgendeinen von ihnen. Keiner der Rezensenten, deren Besprechungen ich zu Gesicht bekommen habe, hat auch nur gefragt, ob der Titel nicht lauten müsse »Der Wind mit Namen Jaromír«.

18. Dezember

Im alteingesessenen Café Greindl in Passau mit dem jungen Mannheimer Oboisten Marcus Stursberg für 1993 musikalisch-literarische Programme besprochen, u. a. für eine Benefizveranstaltung in Chemnitz, die der verfallenen St.-Markus-Kirche zugute kommen soll. Er wird Stücke für Oboe und Englischhorn solo von Bach (Bearbeitung einer Flöten-Partita), Britten, Berio u. a. spielen.

22. Dezember

Würde ich gefragt, aus welchem Buch, das ich in diesem Jahr gelesen habe, mir etwas vom »Ewigen« in der Literatur entgegengeweht ist, würde ich die Erzählung »Das Jagdgewehr« von Yasushi Inoue

nennen. Sie besteht aus drei Briefen. Am Schluß
eines jeden liegt die Seele seiner Verfasserin bloß,
und am Schluß des Buches die Seele des gemeinsamen Einen, an den die Briefe gerichtet sind. Und
bloß liegt, was in uns allen ist. »Als ich im zweiten
oder dritten Jahr in die Mädchen-Oberschule ging,
wurden wir bei einer Prüfung in englischer Gramma-
tik nach aktiven und passiven Verbformen, also etwa
›schlagen–geschlagen werden‹, ›sehen–gesehen werden‹ gefragt. Unter vielen solchen Beispielen befand
sich auch das blendende Wortpaar ›lieben–geliebt
werden‹. Während nun jedes Mädchen, den Bleistift
im Munde kauend, eifrig auf diese Fragen starrte,
wurde mir – ein nichtsnutziger Einfall irgendeiner
meiner Mitschülerinnen – von hinten heimlich ein
Papier zugesteckt, auf dem ich zwei Sätze vorfand:
›Möchtest du lieben? Oder möchtest du geliebt werden?‹ Unter die Worte ›Möchtest du geliebt werden?‹ waren viele Kreise mit Tinte und den verschie-
densten Blau- und Rotstiften geschrieben worden,
während unter ›Möchtest du lieben?‹ kein einziges
Ja-Zeichen zu sehen war. Ich bildete keine Aus-
nahme und setzte meinen kleinen Kreis unter die
Frage ›Möchtest du geliebt werden?‹«

23. Dezember

Weihnachtsbrief: »Wilna, 12. 12. . . . Ich bin fünfundfünfzig Jahre alt, habe einen sehr guten Mann, zwei
Kinder (Sohn und Tochter) und drei Enkelkinder
(zwölf Jahre, elf Jahre und ein Jahr alt – geb.

27. 12. !). Zur Zeit ist es für die Kleine am schlimmsten, denn es ist kalt in der Wohnung, nur dreizehn bis fünfzehn Grad, und wir haben kein warmes Wasser. Aber vom 24. bis zum 27. Dezember werden uns unsere Regierungsleute warmes Wasser geben. Uns geht es noch nicht so schlimm wie den Leuten in Somalia. Wenn man das sieht, bekommt man Herzschmerzen.«

24. Dezember

Jan Skácel
Erwachsenenweihnacht

An der freude der kinder wärmen sie sich die hände
sie werden lächeln und sagen
es ist weihnachten
und der frost wird mit weißem faden
das ausgefranste einsäumen
das in den langen jahren sich in ihnen abgetragen hat

Und sie werden ein wenig fröhlich
und ein wenig traurig sein
und ein wenig sich über sich selbst amüsieren
und die stille wird ihre zehn finger spreizen
vor ihren gesichtern
und einfrieren in die verlassenen gassen

Und die warmen schultern der weihnachtsbäume
werden sich in die fenster zwängen wenn nach dem
                                                    abendbrot

die kinderlosen spazierengehen
sich bei den händen halten
und selbst kinder sind
jeder von beiden bedacht
der erwachsenere zu sein
sich zu kümmern um den andern
denn draußen ist's glatt
und innen ist weihnachten

25. Dezember

Mein Musikschaufenster. Ein Minimum. Singuläre
und liebgewordene Aufnahmen in Klammern.
Allegri
  Miserere (The choir of King's College, Cambridge)
Bach
  Aus der Kantate »Herz und Mund und Tat und
  Leben« BWV 147: Jesus bleibet meine Freude (Lipatti). – Allein Gott in der Höh' sei Ehr' BWV 662
  (Otto). Das Wohltemperierte Klavier, Teil I,
  BWV 846–869 (Richter). Sonate für Violine solo
  C-Dur BWV 1005 (Zehetmair). Sechs Suiten für
  Violoncello solo BWV 1007–1012 (Casals)
Beethoven
  Aus »Fidelio«: II,5. »O namenlose Freude!« (Fricsay). – Klaviersonaten E-Dur op. 109 und c-Moll
  op. 111 (Pollini). Streichquartette B-Dur op. 130
  mit Großer Fuge, cis-Moll op. 131 und a-Moll op.
  132 (LaSalle)

Brahms
Trio für Klavier, Violine und Violoncello Nr. 1 H-Dur op. 8, Neufassung 1889 (Abegg). Klavierquintett f-Moll op. 34 (Quartetto Italiano, Pollini). Sonate für Violine und Klavier G-Dur op. 78 (Perlman, Ashkenazy)
Bruckner
Te Deum (Stephani). Streichquintett F-Dur (Melos, Santiago)
Chopin
Nocturnes cis-Moll op. 27 Nr. 1 und c-Moll op. 72 Nr. 1 (Rubinstein. Arrau). Scherzo E-Dur op. 53 (Richter). Sonate Nr. 3 h-Moll op. 58 (Pollini). Polonaise-Fantaisie As-Dur op. 61 (Rubinstein. Ashkenazy)
Debussy
Images I und II (Benedetti-Michelangeli)
Donizetti
Aus »Lucia di Lammermoor«: III. »Oh giusto cielo! Ardon gli incensi« (Callas, Serafin)
Dvořák
Streichqartette F-Dur op. 96 (Janáček) und G-Dur op. 106 (Vlach)
Fauré
Sonate für Violine und Klavier A-Dur op. 13 (Mintz, Bronfman)
Franck
Prélude, Fuge et Variation op. 18 (de Klerk). Klavierquintett f-Moll (Borodin, Richter)
Haydn
Streichquartette D-Dur op. 76, Nr. 5, und F-Dur

op. 77, Nr. 2 (Amadeus). Die Schöpfung (Karajan)

Liszt

Bénédiction de Dieu dans la solitude (Brendel). Sonate h-Moll (Brendel. Zimerman). Widmung, nach Robert Schumann (Chaveau)

Mendelssohn-Bartholdy

Octett Es-Dur op. 20 (Academy)

Mahler

Lieder eines fahrenden Gesellen (Fischer-Dieskau, Furtwängler). Rückert-Lieder (Fischer-Dieskau, Böhm)

Mozart

Messe in C-Dur KV 317 (Davis). Streichquartette Nr. 18 A-Dur KV 464 und Nr. 19 C-Dur KV 465 (Berg). Klavierkonzert Nr. 21 C-Dur KV 467 (Serkin, Abbado). Ave verum corpus KV 618

Ravel

Streichquartett F-Dur (Emerson)

Schubert

Aus »Winterreise«: Der Leiermann (Fischer-Dieskau, Brendel). Streichquartettsatz c-Moll D.703 (Amadeus). Streichquartette d-Moll D.810 und G-Dur D.887 (Amadeus). Streichquintett C-Dur D.956 (Stern, Schneider, Katims, Tortellier, Casals). Klaviersonaten c-Moll D.958, A-Dur D.959 (Pollini) und B-Dur D.960 (Haskil)

Schumann

Kreisleriana op. 16, Nr. 2 (Horowitz. Arrau). Romanze Fis-Dur op. 28 (Arrau). Liederkreis op. 39, Mondnacht (Prey, Hokanson). Klavierquintett

Es-Dur op. 44 (Guarneri, Rubinstein. Beaux arts, Rhodes, Bettelheim)
Sibelius
Streichquartett d-Moll op. 56 (Sibelius)
Strauss
Aus »Der Rosenkavalier«: I. »Da geht er hin, der aufgeblasene schlechte Kerl« – II. »Mir ist die Ehre widerfahren« – III. »Hab' mir's gelobt, ihn lieb zu haben« (Solti). – Wiegenlied op. 41,1 (Norman, Masur). Vier letzte Lieder (Norman, Masur)
Verdi
Don Carlos (Guilini). Aus »Falstaff«: I,1. »Die Ehre!« (Hann). – Messa da Requiem (de Sabata. Karajan)
Wagner
Aus »Die Walküre«: I,3. »Schläfst du, Gast?« – II, 4. »Siegmund! Sieh auf mich!« – III, 3. »In festen Schlaf verschließ ich dich« (Janowski). Aus »Götterdämmerung«: III,3. »Starke Scheite schichtet mir dort« (Janowski). Aus »Tristan und Isolde«: II,2. »Isolde! Geliebte! – Tristan! Geliebter!« – »O sink hernieder, Nacht der Liebe« – »Einsam wachend in der Nacht« – III,3. »Mild und leise« (Kleiber). Aus »Parsifal«: III. »Wie dünkt mich doch die Aue heut so schön« (Karajan)

*

Und wenn ich nur ein einziges dieser Werke wählen dürfte – gewissermaßen für die Ewigkeit? Dann die Cello-Suiten von Bach. Und wenn auch von diesen nur eine einzige? Die Suite in c-Moll. Dann aber würde ich meinem Richter hinterherlaufen und ihn so lange bedrängen, bis er mir das Andante aus Mozarts C-Dur-Klavierkonzert oder Schumanns »Mondnacht« dazugäbe.

26. Dezember

Auf Johann Sebastian Bach sei in seinem letzten Lebensjahrzehnt trotz Rüstigkeit, ungebrochenen Glaubens und höchsten künstlerischen Selbstvertrauens ein Schatten der Melancholie gefallen, so daß er vergleichsweise nur noch wenig geschaffen habe, sagt Paul Hindemith. Angesichts der Goldberg-Variationen, der Kunst der Fuge und des Wohltemperierten Klaviers, Teil II, die in diesen Jahren noch entstanden, könne man jedoch nicht von einer »Melancholie des Unvermögens« sprechen, sondern nur von einer »Melancholie des Vermögens«. Hindemith: »Was kann ein Mann noch tun, der technisch und geistig in seiner Kunst die höchste Stufe des von Menschen Erklimmbaren erreicht hat? ... Er ist am Ende; er steht, wie es im alten persischen Gedicht heißt, vor dem Vorhang, den niemand zur Seite zieht ... Für dieses Höchsterreichte muß er einen teuren Preis zahlen: die Melancholie, die Trauer, alle früheren Unvollkommenheiten verloren zu haben und mit ihnen die Möglichkeiten des Voranschreitens.«

*

Richard Strauss: »Zweitausend Jahre Kulturent-
wicklung haben in der Mozartschen Melodie und in
Wagners Orchester Höhepunkt und Abschluß gefunden.«

27. Dezember

In Bad Ischl an der Traun entlanggegangen. Als Johannes Brahms und der junge Gustav Mahler einmal
hier entlanggegangen sind, soll sich Brahms resi-
gniert als den letzten bezeichnet haben, der sich der
Integrität der Musik noch voll bewußt gewesen sei.
Daraufhin habe Mahler auf das vorbeiströmende
Wasser gewiesen, und als Brahms nichts Sehenswer-
tes hatte entdecken können, habe Mahler gesagt –
dort, dort fließe die letzte Welle!

28. Dezember

Die tschechoslowakische Post hat eine von Karel
Franta gezeichnete Weihnachtsbriefmarke herausgegeben, die voller Musik ist. Es sei, schreibt er, die
letzte Briefmarke der »ausklingenden« Tschechoslo-
wakischen Republik.

*

Was einem nachgeht: Die Frau, die uns aus Wilna
schrieb, sie erhoffe für die Weihnachtsfeiertage warmes Wasser, äußerte eine einzige Bitte: ein paar Kör-
ner Chrysanthemensamen. »Bei uns war eine Ausstellung«, schreibt sie, »und dort gab es diese Chry-

santhemen, es war ein Wunder; lange, spitze Blüten-
blätter – wie Nadeln – und in verschiedenen Farben . . . Man könnte die Pflanzen dann immer wieder
teilen und weiter Freude bereiten . . . Sollte es große
Umstände machen, den Samen zu besorgen, oder
sollte er sehr teuer sein, bitte ich Sie, den Wunsch zu
vergessen.«

30. Dezember

»Bei dem, was ich mir ausborge, achte man darauf,
ob ich zu wählen wußte, was meinen Gedanken ins
Licht rückt«, heißt es bei Montaigne. »Denn ich lasse
andere das sagen, was ich nicht so gut zu sagen vermag, manchmal aus Schwäche meiner Sprache,
manchmal aus Schwäche meines Verstandes.« Zuweilen ist es jedoch ratsam, andere auch das sagen zu
lassen, was man selbst sagen könnte. Wer wider Götter streitet, muß Götter zu Hilfe rufen.

31. Dezember

Am Sonnenhang. Mein Vater hatte so lange wie möglich in seiner Wohnung bleiben wollen. »Wenn's nicht
mehr geht, werden sie mich schon holen«, hatte er
gesagt.

Ich wünsche mir, so lange wie möglich in unserem
Haus bleiben zu können.

ER wird uns schon holen.

Anmerkungen

Motto: Guillevic, Eugène: Gedichte. Französisch und deutsch. Auswahl und Übertragung von Monika Fahrenbach-Wachendorff. Editions Gallimard, Paris. Klett-Cotta, Stuttgart 1991

14. Januar: Lepmann, Jella: Die Kinderbuchbrücke. S. Fischer, Frankfurt am Main 1964

24. Januar: Kastner, Dr. Jörg, Leiter der Staatlichen Bibliothek Passau

27. Januar: Mann, Thomas: Schicksal und Aufgabe. Rede 1944. In: Reden und Aufsätze II. S. Fischer, Frankfurt am Main 1965

3. Februar: Hofmannsthal, Hugo von: Gesammelte Werke. Reden und Aufsätze III 1925–1929. Buch der Freunde. Aufzeichnungen. Fischer Taschenbuch Verlag, Frankfurt am Main 1980

4. Februar: Kühn, Johannes: Ich Winkelgast. Gedichte. Herausgegeben von Irmgard und Benno Rech. Carl Hanser, München/Wien 1989

10. Februar: Camus, Albert: Tagebuch. März 1951 bis Dezember 1959. Aus dem Französischen übertragen von Guido G. Meister. Rowohlt, Reinbek bei Hamburg 1991

17. Februar: Fussenegger, Gertrud: Ein Spiegelbild mit Feuersäule. Lebensbericht. Deutsche Verlags-Anstalt, Stuttgart 1979. – Über die Menschenwürde. Anatomie eines Leitbilds. In: Stimmen der Zeit. 195. Bd. Herder, Freiburg 1977

22. Februar: Krynicki, Ryszard: Wunde der Wahrheit. Gedichte. Herausgegeben, aus dem Polnischen übertragen und mit einem Nachwort versehen von Karl Dedecius. Suhrkamp, Frankfurt am Main 1991

26. Februar: Drescher, Horst, geb. am 2. Januar 1929 in Obersdorf bei Zittau. Er lernte Schlosser, arbeitete als Werkzeugmacher und studierte von 1953 bis 1957 an der Universität Leipzig Germanistik. Verlagslektor, seit 1960 freiberuflicher Schriftsteller. Werke: Der Maler Wilhelm Rudolph. Essay. 1983. – MalerBilder. Werkstattbesuche und Erinnerungen. Aufbau, Berlin 1989. – Aus dem Zirkus Leben. Notizen 1969–1990. Aufbau, Berlin 1990. – Herausgaben: Friederike Kempner, Joachim Ringelnatz, Karl Valentin u. a. – Feuchtwanger-Preis 1990, Literaturpreis der Stadt Meißen 1991

29. Februar: Hamburger, Michael: Verlorener Einsatz. Erinnerungen. FLUGASCHE-Verlag, Stuttgart 1987

6. März: Delacroix, Eugène: Dem Auge ein Fest. Aus dem Journal 1847–1863. Herausgegeben von Kuno Mittelstädt. Übersetzung aus dem Französischen von Lieselotte Kolanoske, Fritz Erpel und Günter Busch. S. Fischer, Frankfurt am Main 1988

22. März: Lasker-Schüler, Else: Sämtliche Gedichte. Kösel, München 1966

24. März: Hayek, Friedrich August von: Recht, Gesetzgebung und Freiheit. Bd. 2: Die Illusion der sozialen Gerechtigkeit. Aus dem Amerikanischen von Martin Suhr. Verlag Moderne Industrie, Landsberg am Lech 1981

31. März: Griesinger, Georg August: Biographische Notizen über Joseph Haydn. Leipzig, bey Breitkopf und Härtel. 1810

3. April: Bullock, Alan: Hitler und Stalin. Parallele Leben. Aus dem Englischen von Karl Heinz Siber und Helmut Ettinger. Siedler, Berlin 1991

4. April: Laermann, Klaus: Die Stimme bleibt. Theodor W. Adornos Diktum – Überlegungen zu einem Darstellungsverbot. In: »Die Zeit«, Nr. 14, 27. März 1992

7. April: Aichinger, Ilse: Kleist, Moos, Fasane. S. Fischer, Frankfurt am Main 1987

19. April: Llosa, Mario Vargas: Wie ein Fisch auf dem Trockenen. Eine Bilanz. In: Neue Rundschau. 103. Jahrgang 1992. Heft 2. S. Fischer, Frankfurt am Main

20. April: Manea, Norman: Schriftsteller und die Große Bestie. Randbemerkungen im Übergang. – Michnik, Adam: Verführung zum Verrat. Der Verfall des Intellektuellen im zwanzigsten Jahrhundert. Beides in: s. Anm. 19. April

24. April: Seidel, Georg: In seiner Freizeit las der Angeklagte Märchen. Prosa. Herausgegeben von Elisabeth Seidel und Irina Liebmann. Mit einem Nachwort von Irina Liebmann. Kiepenheuer & Witsch, Köln 1992

27. April: Gaisbauer, Hubert, und Janisch, Heinz (Hrsg.): Menschenbilder. Verlag Austria Press GmbH, Wien 1992

1. Mai: s. Anm. 4. Februar

23. Mai: Röhlig, Eginhard, Dramaturg am Opernhaus Leipzig

24. Mai: Napsal nám spisovatel Miroslav Holub. In: Práce. Prag 18. 8. 1973. In diesem Schreiben distanzierte sich Miroslav Holub u. a. von seiner Unterschrift unter dem Dokument »2000 Wörter«.

25. Mai: Gysi, Dr. Gregor, Rechtsanwalt, bis Anfang 1993 Vorsitzender der PDS (Partei des Demokratischen Sozialismus), der Nachfolgeorganisation der Sozialistischen Einheitspartei Deutschlands

31. Mai: Březina, Otokar: Svítání naděje. Melantrich, Prag 1989

6. Juni: Brednow, Prof. Dr. med. Walter, 1896–1976. Von 1947 bis 1962 Direktor der Medizinischen Klinik der Friedrich-Schiller-Universität Jena.

12. Juni: Celan, Paul: Die Niemandsrose. Gedichte. S. Fischer, Frankfurt am Main 1963

3. Juli: Rosner, Clemens (Hrsg.): Die Universitätskirche zu Leipzig. Dokumente einer Zerstörung. Forum, Leipzig 1992

7. Juli: opus musicum. 2/1992. Brünn

8. Juli: Lidové noviny, Prag, 2. Jahrgg. Nr. 12, Dezember

1989: »Auch wenn Skácel nach dreizehnjährigem absoluten Publikationsverbot ab 1981 wieder legal bei uns erscheinen konnte, wurde er bis zuletzt auf die verschiedenste Weise übergangen und im Hintergrund gehalten, und für die offizielle Kritik und die zentralen Organe des Schriftstellerverbandes existierte er weiterhin kaum. Nicht zuletzt zeigte sich das auch bei seinem Tod, über den ausländische Rundfunkstationen schneller und adäquater informierten als die hiesigen Medien. Die meisten von ihnen haben Skácels Tod überhaupt nicht zur Kenntnis genommen, oder sie reagierten auf einem Niveau, das am besten wohl der schäbige winzige Nekrolog im Rudé Právo demonstriert.«

14. Juli: Kirsch, Sarah: Landaufenthalt. Gedichte. Langenwiesche-Brandt, Ebenhausen bei München 1969, 1978

20. Juli: Schlabrendorff, Fabian von: Offiziere gegen Hitler. Siedler, Berlin 1984

21. Juli: Havel, Václav: Fernverhör. Ein Gespräch mit Karel Hvížd'ala. Aus dem Tschechischen von Joachim Bruss. Rowohlt, Reinbek bei Hamburg 1987

5. August: Havel, Václav: Sommermediationen. Aus dem Tschechischen von Joachim Bruss. Rowohlt, Berlin 1992

13. August: Kunze, Reiner (Hrsg.): Über, o über dem Dorn. Gedichte aus hundert Jahren S. Fischer Verlag. S. Fischer, Frankfurt am Main 1986

14. August: s. Anm. 13. August

20. August: Schädlich, Hans Joachim (Hrsg.): Aktenkundig. Mit Beiträgen von Wolf Biermann, Jürgen Fuchs, Joachim Gauck, Lutz Rathenow, Wera Wollenberger u. a. Rowohlt, Berlin 1992

23. August: Kühn, Johannes: Gelehnt an Luft. Gedichte. Herausgegeben von Irmgard und Benno Rech. Carl Hanser, München/Wien 1992

29. August: Jean Paul: Werke, Vierter Band. Carl Hanser, München 1962.

21. September: Für das Signet wurde der Holzschnitt »Der Leser« (1949) von HAP Grieshaber verwendet.

27. September: Grill, Harald: eigfrorne gmiatlichkeit. Bairische Gedichte und Epigramme mit Holzschnitten von Fritz Maier. Passavia, Passau 1980. – einfach leben. bairische gedichte. Ehrenwirth, München 1982. – findling unterm herz. bairische gedichte. Süddeutscher Verlag, München 1988. – wenn du fort bist. gedichte. mit graphiken von mario schoßer. Edition Toni Pongratz, Hauzenberg 1991

15. Oktober: Marcuse, Ludwig: Aus den Papieren eines bejahrten Philosophie-Studenten. List, München 1964

16. Oktober: Schlag, Evelyn: Der Schnabelberg. Gedichte. S. Fischer, Frankfurt am Main 1992

18. Oktober: Zimmermann, Hans Dieter: Die Jagd auf einen Dichter. Neue Dokumente zum Fall Peter Huchel und zur Zeitschrift »Sinn und Form«. In: Frankfurter Allgemeine Zeitung, 30. September 1992. – S. auch: Parker, Stephen: Peter Huchel und »Sinn und Form«. Die Ostberliner Akademie der Künste und das Problem der einheitlichen deutschen Kultur. In: Sinn und Form. Vierundvierzigstes Jahr/1992/ Fünftes Heft September/Oktober. – Der Fall von Peter Huchel und »Sinn und Form«. Deutsche Akademie der Künste. Protokolle, Briefe, Akten. In: ebenda.

25. Oktober: Mozart: Briefe und Aufzeichnungen. Gesamtausgabe. Band III: 1780–1785. Bärenreiter, Kassel usw. 1963

27. Oktober: Jaccottet, Philippe: Landschaften mit abwesenden Figuren. Deutsch von Friedhelm Kemp. Editions Gallimard, Paris 1970. Klett-Cotta, Stuttgart 1992

29. Oktober: Abusch, Alexander (1902–1982), Publizist, u. a. Minister für Kultur (1958–1961). – Gotsche, Otto (1904–1985), Schriftsteller, u. a. Sekretär Walter Ulbrichts. – Kurella, Prof. Dr. Alfred, Kulturpolitiker, u. a. Leiter der Kommission für Fragen der Kultur beim Politbüro des ZK der SED. – Brodsky, Joseph: »Ich bin wie ein Hund oder besser:

wie eine Katze«. J. B. im Gespräch mit Birgit Veit, London, 10. 9. 1991. In: Neue Rundschau. 103. Jahrgang 1992. Heft 4. S. Fischer, Frankfurt am Main

4. November: Jonas, Hans: Philosophische Untersuchungen und metaphysische Vermutungen. Insel, Frankfurt am Main und Leipzig 1992

5. November: Nebel, Paul van: Antoine Brumel und seine Klangwelt. Sony Classical GmbH 1990

7. November: Perels, Prof. Dr. Christoph, Direktor des Goethe-Museums Frankfurt am Main

14. November: Sauerbruch, Prof. Horst, Akademie der Bildenden Künste München

9. Dezember: Wilhelm, Kurt: Richard Strauss persönlich. Eine Bildbiographie. Fotos von Paul Sessner. Kindler Verlag, München 1984

10. Dezember: Albaz, Jewgenia: Geheimimperium KGB Totengräber der Sowjetunion. Aus dem Russischen von Valeri Danilow und Sergej Dmitriew. Deutscher Taschenbuch Verlag, München 1992

13. Dezember: Jens, Walter: Die Friedensfrau. Ein Lesebuch. Reclam, Leipzig 1992

16. Dezember: s. Anm. 29. Oktober

22. Dezember: Inoue, Yasushi: Das Jagdgewehr. Aus dem Japanischen von Oscar Benl. Suhrkamp, Frankfurt am Main 1964

26. Dezember: Hindemith, Paul: Johann Sebastian Bach. Ein verpflichtendes Erbe. Insel-Verlag, Frankfurt am Main 1962. Mit Genehmigung des Verlages B. Schott's Söhne Mainz. – Strauss, Richard: s. Anm. 9. Dezember

30. Dezember: Montaigne, Michel de: Essais. Auswahl und Übersetzung von Herbert Lüthy. Manesse, Zürich 1985